目 次

特集 矯正・保護総合センター主催日伊シンポジウム「ボッラーテ刑務所の奇跡──ソーシャルファームを活用した社会復帰」報告

シンポジウム企画の趣旨
再犯防止に向けた刑務所のあり方とソーシャルファームの活用　　　浜井浩一　05

ボッラーテ刑務所の奇跡
基調講演　　　Lucia Castellano（翻訳：小谷眞男）　10

社会的企業が作り出す社会的・経済的な価値
イタリアの社会協同組合がもつ競争力を、社会的貢献を評価することによって理解する　　　Sara Depedri（翻訳：浜井浩一）　21

CAFÉ RESTAURANT ほのぼの屋の挑戦
福祉からの脱却をめざして　　　内海あきひ　30

個別研究

刑事処分を受けた者の社会復帰支援の現況と課題
地域生活定着促進事業10年をむかえて　　　古川隆司　40

性加害行為のあった知的障がい者の支援のあり方
障がい者福祉の支援者の語りから　　　我藤諭・山﨑康一郎・水藤昌彦　50

多文化共生社会へのアプローチ
滞日インドネシア・ムスリム女性のライフヒストリーから　　　野村佳絵子　63

保護観察と退去強制に関する一考察
　　　荻野太司　86

自立準備ホームの現状と課題
　　　掛川直之　101

特集　矯正・保護総合センター主催日伊シンポジウム
「ボッラーテ刑務所の奇跡
――ソーシャルファームを活用した社会復帰」
報告

シンポジウム企画の趣旨
再犯防止に向けた刑務所のあり方とソーシャルファームの活用
浜井浩一

ボッラーテ刑務所の奇跡
基調講演
Lucia Castellano（翻訳：小谷眞男）

社会的企業が作り出す社会的・経済的な価値
イタリアの社会協同組合がもつ競争力を、社会的貢献を評価することによって理解する
Sara Depedri（翻訳：浜井浩一）

CAFÉ RESTAURANT ほのぼの屋の挑戦
福祉からの脱却をめざして
内海あきひ

特集　矯正・保護総合センター主催日伊シンポジウム「ボッラーテ刑務所の奇跡——ソーシャルファームを活用した社会復帰」報告

シンポジウム企画の趣旨
再犯防止に向けた刑務所のあり方とソーシャルファームの活用

キーワード：ソーシャルファーム、社会（的）協同組合、再犯防止、刑務所、懲役、イタリア、ボッラーテ刑務所

浜井浩一　龍谷大学

はじめに

近時、日本においても刑事政策上、再犯防止が大きな課題となり、「居場所」と「出番」をスローガンに就労支援など様々な対策が展開されているが、それらの多くは大きな壁にぶつかっている。それは、受刑者等の罪を犯した人々に対する偏見から、総論賛成・各論反対の例に漏れず、趣旨に賛同する企業は増えていくものの、実際に雇用にまで至るケースはあまり増えていないことと、仮に雇用にまで至っても長続きせずに途中で退職してしまうケースが後をたたないことである。その原因は、日本の刑罰のあり方そのものにある。そこで、本シンポジウムでは、イタリアにおける社会的企業（ソーシャルファーム）を活用した受刑者の社会復帰モデルに焦点を当て、再犯防止に向けて日本の受刑者処遇に今後何が必要なのかを考えてみたい。

刑罰における日本とイタリアの最大の違いは、刑罰の目的を法律上明確にしているかどうかにある。イタリアは、共和国憲法第27条[1]において、刑罰の目的を更生（再教育）と規定している。これに対して、日本は、憲法にも刑法にも刑罰の目的は規定されていない。日本国憲法第31条には、「何人も、法律の定める手続によらなければ、その生命若しくは自由を奪われ、又はその他の刑罰を科せられない」とだけ書かれている。何を目的として刑罰を科すのかは書かれていない。また、憲法第36条では、公務員による残虐な刑罰を禁止しているが、1948年（昭和23年）3月12日に最高裁判所は、憲法第31条を法律が定めれば生命を奪うこともできると解釈し、死刑は憲法に違反しないと判断した。さらに、最高裁判所が作った裁判員のためのパンフレット『裁判員制度ナビゲーション（2016年10月改訂版）』には、刑罰の目的として「殺人、放火、強盗、窃盗などの犯罪は、国民の生命、身体、財産、生活の平穏、社会公共の秩序といった、国民や社会、国家の重要な利益を侵すものです。しかし、犯罪の被害を受けた人が、直接犯人に報復したのでは、かえって社会の秩序が乱れてしまいます。そこで、国が、このような犯罪を犯した者に対して刑罰を科すことにより、これらの重要な利益を守っています」と記載されている。つまり、最高裁判所は、刑罰の目的は応報（と一般予防）にあると考えているのである。だから、日本の自由刑は強制的な労働を伴う懲役刑が中心であり、イタリアをはじめ他の先進国と比較しても犯罪が非常に少ないにもかかわらず、刑務所出所者の再犯率（再入率）は10年間で5割とかなり高い。

ただ、このように応報主義の日本においても、受刑者の高い刑務所再入率を背景に、2008年くらいから再犯防止が刑事政策上の課題として取り上げられるようになってきた。しかし、先に述べたよう

に刑務所出所後の就労支援の多くは必ずしもうまくいっていない。その原因は大きく二つある。一つは日本の刑務所が、懲役刑を執行する場所として、社会学者のアーヴィング・ゴッフマン[2]が全制的施設と呼んだ状態にあること。もう一つは、地域社会が受刑者の受け入れに消極的なことである。

　一つ目の全制的施設とは、類似の境遇にある人びとが、相当期間にわたって社会から隔絶されて、閉鎖的で形式的に管理され、ルーティーン化された日常生活を送る場所であり、そこで長期間暮らすことで被収容者はその人らしさや個人としてのアイデンティティを失っていくような施設を指す。日本の刑務所は、刑罰を執行する場所であり、保安事故防止のため、作業中のコミュニケーションを厳しく制限している。受刑者は、毎日、与えられた服を着て、与えられた食事を食べ、与えられた日課をこなしていく生活を延々と続け、そこに自主性は存在しない。ひたすら我慢する生活である。しかし、出所後は、それとはまったく異なる環境が受刑者を待っている。就労先の建築現場や飲食店では、わからないことは先輩や上司に聞く、相談するなど、職場でのコミュニケーションが欠かせないが、刑務所出所者はこれがうまくできず職場を放棄してしまうのである。

　就労支援がうまく機能しない二つ目の原因は、地域社会の偏見である。刑罰を科し、刑務所に入れても、それで受刑者が社会から消えてしまうわけではない。彼らはいつか社会に戻ってくる。時代劇や刑事ドラマなどでは、犯人は、役人や警察に捕まり裁きを受けて終わりである。多くの国民にとって、刑罰後の社会復帰のイメージは存在しない。これは、裁判官などの法曹にとっても同じである。応報主義の日本の法曹のほとんどは、判決を持って自分たちの仕事は終わりだと考え、刑務所や保護観察といった受刑者のその後に関心がない。しかし、受刑者は、懲役刑を終えれば必ず地域社会に帰ってくる。地域社会に生活の基盤を築くことができなければ、彼らの居場所は刑務所にしかない。

　受刑者が更生するということは、地域社会の中でまっとうな市民として（再犯することなく）生活するということであり、そのためには地域社会の中に生活の基盤を確保する必要がある。日本の刑罰（受刑者処遇）に一番欠けているのはこの視点である。

　イタリアの受刑者処遇は、日本と比較してすべての側面で優れているわけではなく、様々な問題を抱えている。外国人受刑者の比率が34％を超え[3]、裁判を待っている未決拘禁者の割合も30％を超え、その期間も長期化し、イタリアの刑事施設は過剰収容を繰り返し、ヨーロッパ人権裁判所から改善勧告を受けている。ただ、イタリアには、共和国憲法第27条が存在する。だから、受刑者の社会復帰支援や就労支援、司法とソーシャルサービスとの連携については日本の何歩も先をいっている。本シンポジウムでは、その中でもイタリアの誇る社会的企業、社会（的）協同組合（cooperativa sociale）の活動に焦点を当てて、受刑者の社会復帰を考えてみたい。

社会協同組合とは

　まず社会的企業とは何かについて確認しておこう。「社会的企業ヨーロッパ（Social Firm Europe）[4]」は、社会的企業の条件として次の五つを挙げている。
① 障がい者や労働市場で不利益な立場にいる人たちの雇用を創出する。
② 市場志向性を持つ製品やサービスによって社会的目的（ミッション）を追求する。
③ 30％以上の従業員が障がい者や社会的に不利益な立場にいる当事者である。
④ それぞれの能力にかかわらず、すべての従業員に市場と同等の賃金が支払われる。
⑤ 労働の機会は不利益な立場にいるいないにか

かわらず平等であり、すべての従業員は同じ権利を持ち義務を負う。

　社会的企業とは、罪を犯した人を含む何らかの社会的に不利益な条件のため一般企業には雇用されにくい人たちに雇用の場を創出するために作り出された事業体で、彼らを雇用し、市場競争力のある製品やサービスを作り出すことで事業体として自立し、市場と同等の賃金を従業員に支払い、更に利益を出して社会貢献を行っていく事業体のことである。

　社会的企業の起源は、イタリアが精神病院を解体した際に、精神障がい者に居場所と出番を提供するためにつくられた社会協同組合が発祥とされている。

　イタリアにおいて社会協同組合がつくられ始めたのは1970年代後半であるが、法的根拠を持つ事業として位置づけられたのは1991年に成立した法律381号からである[5]。社会協同組合とは、社会的に不利益な(困難を抱える)立場にいる人たちの就労や教育を支援するための公益法人であり、19世紀後半から高まった労働運動、社会主義運動やカトリック社会運動などを背景に設立されたものである。そのため、現在の社会協同組合も、大きくカトリック系と政党系の二つが存在する。なお、社会協同組合の対象となる社会的に不利益な立場の人々とは、いわゆる三障がいのほかに、アルコールや薬物依存症の人、虐待を受けている人、刑罰を受けている人と規定されている。

　社会協同組合には、福祉サービスや教育を提供するA型と社会的に不利な立場の人々の就労を目的としたB型の二つの形態が存在する。B型の社会協同組合は、雇用を生み出すため、レストラン経営、伝統工芸品の製作販売、清掃作業やケイタリングなどのサービスを有償で提供し、そこから一定の利益を上げ、それを組合員に賃金として還元している。B型は、小規模な組合が多く、税制上優遇されているが、質の良い製品やサービスを提供できなければ生き残ることはできない。B型社会協同組合では、従業員（組合員）の30％以上が社会的に不利益な立場にいる人でなくてはならない。A型の社会協同組合は、地域精神保健サービスなどの公的機関と契約して委託費等による収入によって経営されているため、比較的経営は安定しやすいが、B型社会協同組合は、市場の原理にさらされるため、市場価値のある製品やサービスを提供し、ビジネスとして自立しなくてはならない[6]。言い換えれば、ビジネスとして成功していなければ、本当の意味で自分たちが社会に貢献できているという実感も持つことができないし、自立や立ち直りに必要な自尊感情も育まれないということでもある。

イタリアにおける受刑者の社会復帰

　社会協同組合の活動を議論する前に、イタリアの受刑者処遇について簡単に紹介しておこう。イタリアの刑事司法の最大の特徴は、判決と刑の執行との間に、もう一つ別のプロセス（裁判所）が介在するところにある[7]。そのプロセスの中心となるのが矯正処分監督裁判所（Tribunale di Sorveglianza：以下TDSという）である。TDSは、刑事裁判所が言い渡した刑の具体的な執行方法・内容を検討する裁判所である。イタリアでは、自由刑が確定してもその刑の執行は（形式的には検察官の権限）一時的に停止され、この間に保護観察や自宅拘禁といった拘禁代替刑が検討される。つまり、イタリア共和国憲法第27条の要請に基づき、刑罰としての拘禁刑が宣告された後に、受刑者の特性を考慮し、人道的かつ更生のために望ましい刑の執行方法を検討するため、刑事裁判所とは異なる刑の執行のための裁判所が設けられているのである。

　そして、刑の執行が停止された受刑者については、ソーシャルワークを専門とし受刑者の更生を

支援する社会内刑執行事務所（Ufficio Esecuzione Penale Esterna：以下UEPEという）が、日本の家庭裁判所調査官が行っているような社会調査を福祉の視点を中心に実施する。UEPEは、医療的または福祉的な措置が優先されるべき受刑者については保護観察や自宅拘禁（公的施設への収容を含む）といった拘禁代替刑の必要性について検討し、その調査結果をTDSに提出する。UEPEの職員は、所長を含めてその多くがソーシャルワーカー[8]である。UEPEは主体的に被収容者の支援を行うだけでなく、刑務所、TDS、地域のソーシャルサービス、他の地域のUEPEの要請に応じて支援を行う。UEPEは、主に刑務所外での様々な支援を担当しており[9]、司法省に属してはいるが、そこで働く職員は、福祉の専門教育を受け（ソーシャルワーカーの資格を持ち）、地域のソーシャルサービスとネットワークを有していることが大きな特徴である。UEPEの職員は、様々な社会資源を活用しながら、就労支援や教育、福祉的支援などのコーディネートを行っている。

そして、就労支援をはじめ、職業訓練や教育的なプログラムの提供など、受刑者処遇の受け皿（実働部隊）として重要な役割を果たしているのが社会協同組合である。

それでは、本シンポジウムに登場する三人の演者を紹介しよう。

一人目は、イタリアミラノ郊外にあるボッラーテ刑務所において所長として社会協同組合を導入し、同時に刑務所内での受刑者処遇を大胆に改革した現司法省社会内処遇担当局長のLucia Castellanoさんである。彼女は、自らの人脈を活用し、一流の企業人に社会協同組合の設立を促し、受刑者のために市場競争力のある雇用を創り出すとともに、受刑者に刑務所内での自律的生活、つまり刑務所内の移動の自由を認め、1日平均200人以上の市民ボランティアを刑務所内に招くと同時に、100人以上の受刑者に外部通勤を認めるなど刑務所と社会の垣根を取り払うという大胆な改革を断行することで再犯率の大幅な低下に成功した。

二人目は、イタリアの社会協同組合の社会的意義を実証的に研究したヨーロッパ社会的企業研究所の研究員であるSara Depedriさんである。彼女は、計量経済学者として、社会協同組合の経済効果や地域社会に与える社会的インパクトを実証的に研究し、社会協同組合が、単に受刑者の雇用を生み出しただけではなく、地域社会の市民、行政、民間企業をつなぐことで、地域社会の包摂性そのものを高めていることを明らかにした。

三人目は、社会福祉法人まいづる福祉会が経営する「CAFÉ RESTAURANT ほのぼの屋」の施設長の内海あきひさんである。CAFÉ RESTAURANT ほのぼの屋は、宿泊可能なフレンチレストラン（オーベルジュ）である。そこで働いているメンバーの多くは精神障がいなどの困難を抱えている人たちである。このレストランの最大の特徴は、ビジネスとして成功し、そこで働く障がい者に自立可能な生活を保障するだけの給料を支払っていることにある。それを可能にしているのは、リピーターを生む料理と接客など従来の福祉事業を超えたビジネスとして生き残るための発想力である。

彼女たちの講演を通して、受刑者処遇における社会的企業の可能性について考えることが本シンポジウムの目的である。

なお、本シンポジウムは、日伊シンポジウム「ボッラーテ刑務所の奇跡——ソーシャルファームを活用した社会復帰」をテーマとして、龍谷大学矯正・保護総合センターが主催し、法務省等が後援、文部科学省科学研究費「地域生活定着支援事業の現状と課題：ソーシャルファームの可能性と地域社会の理解」（25380807）からの支援を受けて、2017年3月20日に龍谷大学深草学舎22号館101教室で開催され、法務省大阪矯正管区長など実務家や研究者約120名の方が参加した。

シンポジウムでは、若原雄昭龍谷大学副学長の挨拶、福島至龍谷大学矯正・保護総合センター長の主催者挨拶に続き、浜井浩一龍谷大学大学院法務研究科教授（上記研究代表）から本シンポジウムの企画趣旨、イタリアの社会協同組合と受刑者処遇の関係や日本の現状について説明があり、その後前記三人の講演の後、時間を延長して質疑・討論が行われた。

［注］

1 Art. 27: La responsabilità penale è personale. L'imputato non è considerato colpevole sino alla condanna definitiva. Le pene non possono consistere in trattamenti contrari al senso di umanità e devono tendere alla rieducazione del condannato. Non è ammessa la pena di morte.
2 Goffman, Erving (1961) Asylums: Essays on the Social Situation of Mental Patientsand Other Inmates, Doubleday＝1984 石黒毅訳『アサイラム——施設収容者の日常世界』誠信書房
3 World Prison Brief. Italy（http://www.prisonstudies.org/country/italy）
4 http://socialfirmseurope.org/social-firms/definition/
5 社会協同組合ができたときには、刑務所を出所した人や保護観察中の人が就労支援の対象で、刑務所内の受刑者は対象外であった。しかし、2000年に刑務所の過剰収容が深刻化した際に、刑務所内で雇用され、社会復帰に向けた準備をしていた者の再犯率がそうでない者と比較して相当に低いことや、受刑者に仕事をさせた方が刑務所の秩序の維持などにも貢献するということから、受刑者を就労の対象とするように制度の改変が行われた。
6 佐藤紘毅・伊藤由理子編（2006）『イタリア社会協同組合Ｂ型をたずねて——はじめからあたり前に共にあること』同時代社
7 小谷眞男（2011）「イタリアの司法統計」『ヨーロッパの司法統計Ⅱ——ドイツ・イタリア・日本』東京大学社会科学研究所研究シリーズNo.39、69〜129頁
8 大学で最低３年間ソーシャルワーカーとしての課程を修了した者。
9 筆者が聞いた具体的例では、一人暮らしの被収容者がアパートに犬を置いてきて心配だという相談があり、ボランティアを使って犬を引き取ってもらったりすることも行うとのことである。

（はまい・こういち）

特集　矯正・保護総合センター主催日伊シンポジウム「ボッラーテ刑務所の奇跡——ソーシャルファームを活用した社会復帰」報告

ボッラーテ刑務所の奇跡
基調講演

キーワード：刑務所改革、市民社会、ソーシャルファーム、社会協同組合、人権刑務所、外部通勤、ボルサ・ラヴォーロ

Lucia Castellano　イタリア司法省、少年・社会内処遇局（社会内処遇担当）局長

翻訳：**小谷眞男**　お茶の水女子大学

要旨

　世界で最初にソーシャルファームが生まれた国、イタリア。ソーシャルワークの発達による社会内処遇には定評があるが、刑務所自体は様々な問題を抱えている。その中で、ボッラーテ刑務所は受刑者に自律的な生活を認め、ソーシャルファームを積極的に導入することで、再犯率を劇的に低下させた。イタリアの刑務所改革はいかに推進されたのか？　前ミラノ・ボッラーテ刑務所長で現イタリア司法省少年・社会内処遇局長Lucia Castellano氏の講演を採録する。

はじめに——イタリアにおける司法と行刑の仕組み

　イタリアの刑事司法と行刑の仕組みについて、とりわけ刑務所の内部と外部における刑罰の執行の土台をなしているイタリア共和国憲法の原理について、日本の皆さんに話をする機会を与えられたことは自分にとって大きな喜びである。

　今日は、まず最初にイタリアの司法と行刑（刑事施設）のシステムの基本的枠組みを概略的に確認したのち、現在のイタリアにおいてますます着実に進められようとしているある取り組みについて詳しく紹介したい。その取り組みとは、私が「人権刑務所[1]（il carcere dei diritti）」と呼んでいる刑務所、すなわち刑事施設入所者に、その自由の制約と両立しうる限りで、すべての諸権利の行使を最大限認めるような、極めて先進的な拘禁の形態の実現に向けられたものである。

　まず最初に、共和国憲法と法律に基づいて、イタリア行刑システムの輪郭を確認しておくことが必要であろう。こうした枠組みを抜きにして、イタリアの刑事司法と行刑のシステムを深く理解することはできないからである。

　イタリア共和国は、第二次大戦後の1946年に成立した。イタリア人たちは、国民投票によって、君主制に替えて共和制を自ら選び取った。20年にわたるファシスト独裁と戦争の悲惨を経験した後で、イタリアには、民主的な秩序を樹立する必要性が強く感じられていたのである。すなわち、民主的な統治のシステム、市民間の平等、社会的連帯、より不利な立場に置かれた者への支援などを通して、市民の不可侵の権利の尊重と、共和国維持の責務とにもとづく市民的共生を実現することが必要とされていた。

　こうして1948年にイタリア共和国憲法が制定された。憲法とは、社会の諸原理を明示することによって、国家機構の権限行使を統御し、その他のすべての法律が依拠すべき源泉となるような、最も基礎的な法律のことである。

イタリア共和国憲法は全部で139条からなる。その第1部（第13条から第54条まで）においては、市民の基本的権利が定められている。その諸権利を共和国は尊重しなければならないのみならず、すべての者に保障しなければならない。具体的には、個人の自由、平等、労働への権利、健康への権利、意見表明の自由、などである。

イタリアの行刑システムと「人権刑務所」に向けられた緊張感を理解するためには、これらの憲法的諸原理から出発しなければならない。なお憲法の第2部と第3部は、共和国の統治機構とその機能について定めている。

イタリアの司法システムは、いくつかの基本的な諸原理にもとづいている。刑罰執行の実態をよりよく理解してもらうために、その諸原理の概要をここで確認しておきたい。刑事、民事共に司法システムは、基本的に第一審と控訴審という二段階の審級によって構成されている。さらに第三段階の審級として破毀院があるが、ここでは当該案件の法律判断だけを扱い、事実認定には関わらない。

刑事裁判には、推定無罪の原則（il principio di presunzione di innocenza）がある。すなわちある人が有罪か無罪かは、ただ訴訟を通じてのみ確定される。たとえ被告人が自ら犯行をおこなったと自白したような場合であっても、ただ正規の手続に則った有罪判決を待ってはじめて、当該被告人が有罪であり、刑務所の内部ないし外部で一定の刑罰を受けなければならないということが宣言されうる。

司法システムを理解するうえで踏まえておくべきもうひとつの重要な原理は、罪刑法定主義の原則（il principio di legalità）である。何人といえども、法律によって犯罪と明確に規定されていないような行為によって有罪を宣告されることはできないし、法律によって規定されていないような刑罰を宣告されることもできない。さらに、ある事件について一度刑事裁判の審理を経て確定判決が出たら、その同じ事件について後に再び公訴を提起することを許さない、という一事不再理の原則（il principio del "ne bis in idem"）がある。

イタリアの刑事制裁には、刑務所内への拘禁、もしくは刑務所の外の地域社会において服する刑罰の二種類がある。後者のことを「拘禁に変わる措置」（misure alternative alla detenzione）といい、「在宅拘禁」（detenzione domiciliare）、「社会サービスへの委託」（affidamento ai servizi sociali. 日本の保護観察処分に該当する）、「ボランティアとしての公益活動」（lavori di pubblica utilità a titolo di volontariato）などの種類がある。

刑事施設への収容は、有罪の確定判決を受けた場合のほか、ある人が犯罪をおかした可能性があるという推定が強くはたらく場合に、予防的な未決勾留という形で適用されることもありうる。すなわち、ある人が有罪であることを示す重大な徴候が存在し、かつ、以下のような理由からその被疑者・被告人を社会から隔離する必要があると考えられる場合である。それは、逃亡の危険、新たな犯罪をおかす危険、証拠隠滅等の危険である。ただし、このような場合、予防拘禁（custodia cautelare）と呼ばれている未決勾留の期間は、厳密に定められた時間的制限を超えることはできない。

イタリアにおける刑事施設には、確定判決を待っている未決勾留者が入所する拘置所（case circondariali）と、確定判決を受けた受刑者が入所する刑務所（case di reclusione）の二種類がある。この区別は、刑事司法システムを理解するうえで重要である。今日のテーマであるボッラーテは、確定判決を受けた受刑者が入所している刑務所のほうである。

イタリアには、全部で191の刑事施設があり、55,929名の入所者がいる。そのうち、女性が2,354名、外国籍の者が18,971名、確定受刑者が

36,136名である。人口比で考えるとイタリアにおける刑事施設入所者の人数は、国際的にはどちらかというと低い方であるが、いずれにせよ日本よりは高い。

　女性の受刑者については、法律によって、6歳以下の子の母親は自宅または地域コミュニティ（comunità. 民間の住居または施設等）で刑に服するものとされている。しかし特殊な治安上の必要がある場合は別であり、現在、刑事施設内で母親とともに過ごしている子どもが46名いる。

　刑事施設内に入所している者といっても、それが未決勾留なのか確定受刑者なのかという区別は、上述したように、重要なポイントである。なぜなら、刑事施設内の処遇が全く異なってくるからである。

　確定判決を待っている人にとっては、すでに述べたように、推定無罪の原則が働き、有罪であるかどうかは、ただ裁判（審理）においてのみ確定されるべきことになる。これに対して、有罪が確定した受刑者に対しては、市民社会への復帰を容易にするための、労働、学校教育、遊び、スポーツ、宗教に関するさまざまな機会が提供されることになる。

　これらの機会は、ひとたび刑を服し終えた際に、再び新たな犯罪をおかす可能性を低減させるために確定受刑者に提供される。この仕組みを理解するためには、イタリア共和国憲法第27条に定められた、重要な憲法的原則を確認しなければならない。すなわち、「刑罰は、人間性の感覚に反するような処遇であってはならず、受刑者の再教育[2]（rieducazione）に向けられたものでなければならない」。

　したがって、イタリアの刑務所は、本来、国家が自由な人間に対して保障するのと同じ諸機会を受刑者にも提供することを通して、受刑者を再教育し、犯罪から遠ざけるという機能を有していなければならないはずである。その諸機会とは、すなわち労働、学校教育、情愛に満ちた人間関係、外部世界との関係、自由時間の活動、宗教などである。

ボッラーテ刑務所の実験的プロジェクト

　ボッラーテ刑務所（ミラノ市）には、現在約1,300名の確定受刑者がおり、うち約100名が女性である。ボッラーテ刑務所プロジェクトを十全に理解するためには、上述したように「受刑者の再教育（rieducazione del condannato）」という概念の真の意味をたずねることから出発する必要がある。2002年にこの刑務所を開設することが決まったときに、われわれは「社会復帰（reinserimento）」と「再教育」という言葉を、その本当の意味において理解しようと模索した。

　私は、1991年に初めて刑事施設の仕事に就き、すぐに以下のことを理解した。すなわち、受刑者の再教育という根本目標は、極めて抑圧的な管理体制と日々衝突している、と。刑務所の管理体制は、受刑者から、いつ顔を洗うか、いつ着替えるか、いつ体育館に行くか、いつ図書館に行くか、といったようなほんの些細なことがらについてまで、自律的に決定する能力を奪っている。そこで、受刑者は、人間的主体というより単なる施設管理の対象にすぎず、その生活リズムは刑事施設側によって完全に統制されている[3]。

　私が理解したのは、このような管理体制は、自由な人間に対してであれ、刑事施設に入所させられている人間に対してであれ、憲法が国家に課している責務であるところの人権を尊重しようとするいかなる真剣な試みとも両立しえないということ、ましてや刑を終えたあかつきに、入所前に比べて少しでも良い人間（少なくともより悪くはなっていない人間）として受刑者を出所させるという現実的可能性とも両立しえないということであった。

　このために、私を中心に結成されたプロジェクト・チームのメンバーと一緒に、そして今日この会場に

もその責任者が参加してくれているところの社会協同組合（cooperativa sociale）「アルティーコロ・トレ」（Articolo 3. 直訳的には「第3条」。共和国憲法第3条〔法の下の平等〕を理念とする協同組合の意）のような刑務所外部のさまざまな社会資源が提供してくれる貢献を活用しながら、再教育と社会復帰という憲法の原則を本当の意味で実現する刑務所を目指す、ボッラーテにおける9年間に及ぶ仕事が始まったのである。

この際に、われわれが依拠した基本原則が三つある。

A） まず第一に、そこからは自由に外へ出ることのできない要塞化されたひとつの都市である刑務所を、その内部における生活がその都市に住む約1300人の市民たちによって明確で共通のルール体系にもとづいて運営されるべき都市として考える、という原則である。

このような確固たる原則から直ちに導き出される基本的方向性は、拘禁されている個々の受刑者に、自分固有の時間と空間の使い方に関して、それぞれ相応の責任を持ってもらうようにする（responsabilizzazione）ということであった。たとえばボッラーテ刑務所では、図書室の運営責任者は受刑者になってもらった。そのほか演劇活動の劇団長も、体育館の管理責任者も受刑者自身である。

B） 第二に、地域社会における受刑者の処遇のために法律が用意しているすべての手段を、その利用が許されるための時間的条件がクリアされ次第、最大限活用するという原則である。最も代表的なものは外部通勤（lavoro all'esterno）で、ボッラーテにおいては、現在、約10％の受刑者が実際に刑務所の外部で働いている。彼らは朝起きると刑務所から公共交通機関を使って外部の職場に出勤し、そのようにして一日働いたあと、夕方にはまた刑務所に戻ってきて寝るのである。

そのほかに、部分拘禁（semilibertà. 直訳的には「半自由」。外部通勤に加えて一定の自由時間を外部で過ごすことが認められる）、特別休暇（i permessi premiali. クリスマスなどにまとまった期間外部で過ごすことが認められる）、社会サービスへの委託（l'affidamento ai servizi sociali. 一定の条件のもとに自宅での外泊等が認められる）などの法律所定の手段も活用する[4]。

受刑者にとっては、確かに自由は制約されているのだが、言わばゆっくりと開いていく大きな扉の内側にあるようなものであって、少しずつ部分的な自由を経験していき、最終的には完全な自由を手に入れるわけである。受刑者は、他者とともに働き、さまざまな社会関係を結ぶ経験を少しずつ積んでいく。そのような経験こそが最終的結果を大きく変えるのだ。自分自身が自分の人生の主役であるという感覚こそが、自分の未来を自分自身の責任で形作っていくことを可能にする。

C） ボッラーテ刑務所プロジェクトの第三の、そして最後の原則は、刑務所という要塞都市とその外側に広がる都市との間で、途切れることのない交わり（contaminazione）を続けていくという原則である。

百人を超える受刑者が外で働くために毎日刑務所から出勤していく。百人を超える自由市民がさまざまなサービスや文化的活動を提供するためにボランティア、教員または勤労者として毎日刑務所に入っていく。このような交わりが、刑事施設特有の生気に乏しい硬直的な拘禁生活のリズムに変化を与え、可能な限りで、外部社会の時間の流れと呼応し合うような施設内部の時間の流れを作り出していく。

こうして「塀の中」の生活と、塀の外の生活との間のずれが一歩一歩縮まっていく。たとえばボッラーテ刑務所の内部では大学の講義やセミナーがおこなわれている。教授も一般の学生も刑務

所内に通い、刑務所内の教室には受刑者もまた学生として出席している。同様に高校の授業もある。また例えばホテル・観光業専門学校の授業も、同じような形態で刑務所内でおこなわれている。

実のところイタリアのなかでも決して広く普及しているとはいえない、このようなユニークな拘禁プロジェクトの構築には、いうまでもなく刑務官・技官らスタッフの仕事を適切に評価すること（valorizzazione）が不可欠である。そのためにスタッフの専門性の開発についても、また彼らの職業生活の質についても、多大な努力がなされた。こうした10年の努力によって、素晴らしいチームが形成されていった。このチームのメンバーは自分たちこそがこのプロジェクトを推進する主要な担当スタッフであることを自覚し、その仕事の実績に大きな誇りを持っている。

ボッラーテ刑務所プロジェクトは、およそ刑事施設ならば不可避的に有している懲罰的で応報的な側面についても忘却しているわけでは決してない。しかし、その影響をできる限り緩和しようとしている。このモデルの効果は、これを再犯率の低下、つまり社会の治安状態の改善という見地からみるとき、後述するように顕著である。

もうひとつの興味深いデータは、ボッラーテのような運営をしている刑務所の総経費が、従来型の刑務所の総経費に比べて、受刑者一人当たりにしてみると安くすんでいるという事実である。コストが安くすむのは、このような運営をしている刑務所でおこなわれている財やサービスの生産活動の貢献によるところが大きい。

受刑者に、時間の使い方と日常の諸活動を組み立てることに、主体的に関与する権利と義務を認めることは、権力行使という面で見れば刑事施設の側にとっては大幅な後退を意味する。ヨーロッパの歴史的危機という現下の局面において、私が思うに、それがいかなる種類の公的システムであっても、生きられた時間の構築への利用者自身の参加は、そのシステムを管理する者の側に課された義務である。

今こそいわゆる「能動的シチズンシップ（cittadinanza attiva）」が求められているのである。公行政とその利用者との間の関係をそれ以外の形で考えることはもはやできない。それはその利用者が刑事施設入所者であっても自由市民であっても何ら変わるところはないのだ。

この危機の時代にあっては、一定の現実を生きる者はその現実を統御するのに自ら貢献することが必要であり、そのことはただ単に美的に麗しいというだけではなく、すでに不可欠の要素というべきなのである。というのも、そのような形での利用者の参加は、ただ単に労働をする者に対してだけではなく、一定の場所にただ住んでいる者に対してもまた、人としての尊厳を取り戻させることになるからである。

したがって、「塀の中」における移動の自由を最大限保障しなければならないが、しかしそれだけでは不十分である。さらに刑務所の外部や内部に存在する、さまざまな組織や機関の間の横断的連携を呼びかけなければならないだろう。詳細は後述するが、人の自由を保障するための、矯正処分監督裁判官（magistratura di sorveglianza）、行刑当局などの間のヨコの連携である。

プロアクティブな行政を目指すのであれば、法律が人の自由を保障するために、われわれに提供しているすべての手段を活用しなければならない。それは受刑者が逃亡することなどないように、常々警戒していなければならないというようなことのためにではなく、また自分たちの責任をどこか別の機関に転嫁するためのものでもない。このようなプロジェクトの推進には当然リスクがある。だからこそプロジェクトは横断的な形で組織される必要がある

のだ。

　上記の横断的連携は、何よりもまず以下のような文化的前提から出発しなければならない。すなわち、最終目的はクライアント（受刑者）ひとりひとりの確かな自由を作り出すことであり、そのためには刑務所の外で刑に服せしめるべく、できうる限り彼らを刑務所の外に押し出さなければならないということ。それは「非刑罰化」ということではなく、地域社会における刑の執行なのである。この二つは決定的に異なる。

　上記のような複数の機関の間の横断的連携は、ものの見方を丸ごと転換する。連携する各機関が、誰かが逃亡するかもしれないというような本プロジェクトのリスクを共同で引き受けるわけは、このような処遇の様態のみが再犯率を低下させ、社会の治安状態を改善する唯一の方法であるという認識を、基本的に共有しているからである。

　時間の問題のほかに、もうひとつ考えるべき要素がある。それは、時間の流れに関するこのような新しい様態と整合的な「空間」が創造されなければならないということだ。

　イタリアは、2013年に欧州人権裁判所によって、刑事施設において「非人道的で劣悪な処遇」がおこなわれているとの指摘を受けた。そして、わが国には、刑事施設入所者に「塀の中」における最大限の自由を与えることができるような、全国的な行刑施設の空間的再編を実施するための、一年の猶予が与えられた。われわれに課されたシステム変更のためには、人権と人間的な尊厳を尊重するような時間を生きることができるような、新しい「空間」の建設から再出発する必要があった。

　わが意を得たりと思ったのは、イタリアにおける従来の刑罰執行の様態は、共和国憲法によって示された方向性と一致していないと洞察した人たちが、他にもいたということだ。もしわれわれが見方を転換させて、人（persona）という見地から再出発するならば、私がいうところの「人権刑務所」を本当に建設しようということになる。

　私は単なるお題目としての「再教育」の幻想を信じない。「処遇」（trattamento）というお役所用語を聞くと、どこか操作的で、何かよそよそしい感じを覚える。このような見方を転換して、従来とは異なる空間と時間を構築することこそが、再犯率を下げて社会の治安状態を改善することにつながる。

　ボッラーテ刑務所における私の任期を終えるにあたって、何年か前に刑務所についての本を一緒に書いた友人のジャーナリスト、ドナテッラ・スタージオと相談して、ボッラーテで刑に服した人たちの再犯率について調査研究をするように、しかるべき人に依頼してみようということになった。こうしてイタリアの経済紙「イル・ソーレ・24オーレ」の助成金を受け、エセックス大学のジョヴァンニ・マストロボーニとエイナウディ経済財政研究所のダニエーレ・テルリッツェーゼによる統計的調査が進められた。

　その分析によって判明したことは、同じ刑期を宣告された受刑者同士で比べた場合に、開放的な刑務所で過ごした期間が長ければ長い者ほど、伝統的な刑務所で服役した者に比べて、再犯率が低いという事実であった。この意味での再犯率の差は約9％ほどだったのであるが[5]、この数字は、そのまま社会の治安状態の改善と、刑務所への過剰収容の軽減を意味するのであるから、重大な意味をもつ。

　上記二人のエコノミストは、人間的尊厳と基本的人権を尊重する開放的な刑務所は、再犯行動を抑制できること、したがってまた刑事施設入所者の人数を減少させ、関連経費を引き下げること、ひいては市民生活をより安全にできることを実証したのである。

イタリアにおける刑務所と市民社会のパートナーシップ──ボッラーテ刑務所プロジェクトの経済的側面

　イタリア共和国憲法によって宣言され、行刑法によって肉付けされた、「刑罰の目的は再教育にある」という原理にもとづく刑務所運営のモデルが、いかに刑事施設における多様な形態の市民社会のアクセスを不可欠のものとし、またそれを促進しているかということは、いくら強調しても強調しすぎることはない。

　実際、個人のボランティア、ボランティア団体、社会協同組合、学校、大学といった市民社会の諸アクターは、受刑者の社会復帰に向けた個別化されたプロセスの実施と展開に、日々著しい貢献をなしている。

　長い年月をかけて、こういった社会的な志向を有する民間部門（privato sociale）の活動と行刑部門の行政活動との間のシナジー（相乗）効果は徐々に強まっていき、発展してきた。このシナジー効果の形態は、当初は単に民間部門が行政の補助的な役割を果たすという程度に過ぎなかったものが、徐々に対等のパートナーシップを築くようになり、やがて統合的な共同運営モデルの実現が可能となるところまで発展してきた[6]。その協働関係は、今やプロジェクトの企画立案段階から、実際の実施過程にいたるまでのすべての局面に及んでいる。

　イタリア各地の刑務所で多種多様なパートナーシップの形態がみられるが、たとえばボッラーテ刑務所の場合でいうならば、それは市民社会と刑務所の共同運営レストランであるとか、ケータリング事業、農園や温室栽培の経営、また（デザインから加工・販売までを行う）ブティック経営などの形でおこなわれている。上述した大学や高校の教育活動も二つの世界の協力のもとで実施されている。受刑者も自由市民もともに劇団員として参加し、共同で運営の責任を負う形態でおこなわれている演劇活動もある。

　自由な世界と刑務所との間のこのような交わり（contaminazione）は、実際にとても貴重な空間を創造することに貢献している。そこは、二つの世界のそれぞれ異なる文化、労働の形態、心性、資源などが、対比され、交換され、互いに豊かになる場である。このようにして刑務所と市民社会との間の相互浸透が深まっていく。その結果もたらされる最も重要な変化は、拘禁刑の執行に関する責任を、刑務所だけが単独で背負い込むのではなく、社会全体が集団的に引き受けるようになっていく体制が形成されていくということである。

　これに対して刑事施設が自己完結的になってしまうと、法律がわれわれに課しているところの受刑者の再社会化、すなわち再犯の防止という根本目的が達せられなくなってしまうというリスクが生ずる。

　現在イタリア経済は危機的状況にあるため、社会的志向を有する民間団体・個人の活動は、ますます銀行や企業からの助成金によるところが大きくなっている。

　他方で、地方自治体（市町村などのコムーネ、州）の協力ももちろん重要である。自治体は、行刑の分野については、直接的に刑事施設入所者に向けられた社会サービスを提供してくれることもあるし、また民間団体の活動に経済的支援を与えるという形で貢献してくれることもある。

　すでに指摘したように、イタリアでは、刑罰の執行プロセスにおける受刑者の労働参加[7]がとくに肝要な点である。この際には、地域社会における外部通勤と社会サービスへの委託が果たす役割が大きい。

　われわれの社会においては、再社会化への道程の何よりも重要な要素は、労働である。このため、コムーネにせよ州にせよ、地方自治体レベルで、雇用者に対して受刑者の雇用を促す何らかの経済

的インセンティブが与えられている場合がある。その典型が「ボルサ・ラヴォーロ (borsa lavoro)」[8]と呼ばれる一般的な初期雇用支援の仕組みであり、これを利用することによって経済的負担を軽減される雇用者は、受刑者の労働参加に関する責任をより引き受けやすくなる。

ボルサ・ラヴォーロとは、実際の勤務経験を通して、いわゆる社会的により不利な立場に置かれた主体の労働市場への参入、すなわち雇用を促進する一般的方策である。そのような労働主体は、この仕組みのもとで一定の活動を提供する代わりに一定の「ボルサ」、すなわち代価 (compenso) を受け取る。実際のところ今日では誰にとっても労働の機会を見つけることがますます難しくなってきているとすれば、より不利な立場に置かれた者にとってはなおさらそうであろう。そのような者たちのなかには、他ならぬ受刑者が含まれている。

ボルサ・ラヴォーロ制度が適用される労働者は、雇用期間のうちの最初の所定期間（多くの場合6ヶ月）は、雇用者からではなく、ボルサを供出する組織・機関から報酬を受け取る仕組みになっている。ボルサを供出する組織・機関は、多くの場合はコムーネ（ボッラーテ刑務所の場合で言えばミラノ市）またはその他の地方自治体（たとえばロンバルディーア州）であるが、ときには民間の財団や銀行、ボランティア団体、社会協同組合などのこともある。

この制度の目的は、自らの能力を労働の世界で試してみることが難しい状況に置かれている人に、それを試す機会を与えることである。このようにして自律的な職業形成を促し、ひいては継続的就労につなげようとするのである。

労働というテーマに関しては、社会協同組合がとくに重要な役割を果たしていることも強調しておきたい。一般的にいって、社会協同組合とはコミュニティの普遍的な利益の追求、人間性の促進、市民の社会的統合を目的とする企業体のことである。この目的を追求するために、社会協同組合には、もっぱら社会や医療のサービス、教育サービスを提供するA型と、社会的に不利な状況にある人の労働参入によって生産活動を展開するB型の二種類がある。

たとえば前述の「アルティーコロ・トレ」はA型の社会協同組合であり、温室栽培事業を行っている「カッシーナ・ボッラーテ」やケータリング・サービス事業などはB型[9]である。したがって、ひとつの社会協同組合は、営利追求型の一般的企業とは異なり、社会的目的の追求のために、言い換えれば集団的ニーズを満たすために、自らの資源を組織する企業といえる。

B型の社会協同組合は、社会的に不利な立場に置かれている主体の労働参入を目的として、商業、手工業、製造業、農業部門など、財とサービスのすべての生産活動を展開することができる。そのような主体としては、受刑者、薬物やアルコール依存症の者、精神障害者、何らかのハンディキャップを有する者、逸脱リスクのある未成年者などがある。

このようなタイプの企業は、不利な状況にある主体（人々）の労働参入という特定の目的のために、所定の分野における職業養成を推進し、十全な社会的統合を目指し、ひいては協同組合の外部に広がる労働世界への参入へとつなげるという役割を引き受ける。

最後に挙げるべき重要なことがらは、行刑分野における薬物やアルコール依存症の者に対する処遇に関して、国民保健サービスが果たしている大きな役割である。すなわち、地域社会において提供される社会的、医学的、臨床心理的なサービス、および治療施設という形で提供されるサービスである。

薬物依存症の受刑者は[10]、一定の期間、刑務所内での服役に代えて、治療施設内での療養や治療を受けることができる。そのような施設では、専門

教育士やその他のしかるべき専門職員が対人サービスにあたるため、しばしば犯罪の根本原因となっているような依存症の問題と正面から向かい合うことができる。

この分野においても、数多くの多様な団体や社会協同組合が依存症の問題を抱える人の援助、受け入れ、療養に携わっている。

ここまで述べてきたような刑務所内外の交わりが十分に深まり、一層発展するためには、言うまでもなく、刑務所の外部に広がる地域社会が刑務所の改革と、そこに暮らす住民（受刑者）に積極的にコミットする態勢にあることが必要である。もちろん、刑務所内の人たちにまで労働の機会を提供するだけの豊かな社会的資源に、外部の地域社会が恵まれていることが前提となる。

残念ながらイタリアの失業率は非常に高い。とくに南部ではそうであり、そのうえ種々の犯罪組織（マフィア、カモッラ、ヌドランゲタ等）によって歪められた地域となってしまっている。その意味で、私自身はナポリで生まれ、ナポリで育った人間であるけれども、ミラノで仕事ができたことは幸運だったと言えるだろう。なぜなら、ミラノという都市は、経済的資源が比較的に豊かであり、そしてそれだけではなく、何よりも、犯罪者の再犯リスクを低下させ社会的治安を改善するために、受刑者にコミットするという勇気を併せ持つ極めて柔軟な社会的繊維（tessuto sociale）を備えた都市だったからである。これがもしナポリだったら、異なる種類の困難が待ち受けていただろうことは想像に難くない。

そのようなミラノのB型社会協同組合や有能なボランティア団体・個人などの惜しみない助けがあったからこそ、われわれは、受刑者によって生産された財やサービスを刑務所が購入し、刑務所内部の協同組合の最初の顧客となる、といったような好循環を創り出すことができたのである。

具体的な例を挙げよう。受刑者たちが働くレストランの経営はケータリング事業をおこなう協同組合に委託され、草刈りとグリーン維持の仕事は園芸花卉事業をおこなう協同組合に委託される。さらに、スタッフと受刑者たち自身がそのような協同組合の生産物を購入する。所内のランドリーを運営する協同組合が、受刑者が自分たちの衣類を洗うためのコイン式ランドリー機械についても維持管理を引き受ける。

このようにして好循環が生まれていく。この好循環のなかで、受刑者は職業としての労働に従事するようになっていく。最初期の生産活動に対しては買い手である刑務所によって代金が支払われるだろうが、やがて協同組合の経済活動は刑務所の外部へとその販路を拡大していくのである。

（2017年3月20日開催、日伊シンポジウム「ボッラーテ刑務所の奇跡──ソーシャルファームを活用した社会復帰」より収録。）

［注］
1 人権刑務所と訳したが、その中身は、更生に向けて、市民として普通の生活を取り戻すことができるような場所としての刑務所という意味である（以下、注はすべて本シンポジウム企画者の龍谷大学浜井浩一による）。
2 直訳すると再教育となるが、その実質は単なる矯正教育ではなく、市民としての生活を取り戻す更生（rehabilitation）を意味する。
3 こうした施設のことを、社会学者のアーヴィング・ゴフマンは全制的施設と呼んでいる。全制的施設とは、類似の境遇にある個々人が、共に、相当期間にわたって社会から遮断されて、閉鎖的で形式的に管理された日常生活を送る場所であり、そこで長期間暮らすことで被収容者はその人らしさといったアイデンティティを剥奪されていく。Goffman, Irving (1961) Asylums: Essays on the Social Situation of Mental Patientsand Other Inmates, Doubleday＝1984 石黒毅訳『アサイラム──施設収容者の日常世界』誠信書房
4 外部通勤については刑務所長の判断で実施すること

ができるが、大きな処遇変更については刑罰の執行を監督する矯正処分監督裁判所の決定によって行われる。矯正処分監督裁判所の裁判体は判事２名、医師等の専門家２名から構成される。

5　本稿執筆者のCastellanoによるとボッラーテ刑務所の再犯率（５年間）は約18％であり、他の一般的な刑務所の平均的再犯率60％と比較すると極端に低いが、刑務所間で受刑者の質が異なるため、厳密にはこの両者の再犯率を単純に比較することはできない。そこで、高度な統計的手法を用いることで、ボッラーテ刑務所と同等の受刑者が一般的な刑務所で受刑した場合の再犯率とボッラーテ刑務所の再犯率を比較したところ、ボッラーテ刑務所のほうが９％ほど低くなっていることが検証された。

6　このプロセス、特に社会協同組合がネットワーキングによって地域や行政、ボランティア、民間企業との社会的な連携を強化するプロセスや社会協同組合の社会的意義については、Sara Depedriの原稿を参照されたい。

7　イタリア刑法（第23条）においても拘禁刑には義務として労働が科されるが、刑務所内での労働は強制されるものではなく、労働は義務であると同時に働く権利として位置づけられる。受刑者は求人に応募して採用される。イタリア司法省のHPにも刑務所内での労働は懲らしめを目的とせず、対価を支払うことが明記されている。

8　試用期間中に企業側に対し国等から奨励金が支給される日本のトライアル雇用制度を拡大した制度である。

9　このケータリング・サービス事業を行っている社会協同組合は、2015年に刑務所の敷地内にIngalera（監獄の中）という名のレストランを開設したが、世界最大の旅行サイトのトリップアドバイザーにおいて、ミラノ6,544軒中36位（2017年４月６日現在）にランクされている。

10　イタリアでは、違法薬物の所持量が定められたレベルよりも少なく、自己使用のみを目的として使用した場合には、刑罰の対象とはならず、国民保健サービスが治療を担当する。

（ルチーア・カステッラーノ、こたに・まさお）

英文要旨

Summary: A Miraculous Reform in Bollate Prison

Keywords: prison reform, civil society, social firm, *cooperativa sociale*, human rights' prison

Lucia CASTELLANO

Director of Directorate General for out-of prison service of sentences

(Department of Prison Administration, Ministry of Justice, Italy)

The first social enterprise (social firm) was born in Italy. While Italy has a very good reputation for social service in the criminal justice system, its prison system has a lot of problems including overcrowding. However, Bollate prison in Milan has successfully reduced its recidivism rate by introducing social enterprises in prisons and allowing the inmates more autonomous life, making the inmates behave freely in the prison. This paper will explain why and how Lucia Castellano, the former director, achieved such reform.

特集　矯正・保護総合センター主催日伊シンポジウム「ボッラーテ刑務所の奇跡——ソーシャルファームを活用した社会復帰」報告

社会的企業が作り出す社会的・経済的な価値
イタリアの社会協同組合がもつ競争力を、社会的貢献を評価することによって理解する

キーワード：社会的企業、社会（的）協同組合、イタリア、経済効果

Sara Depedri　　ヨーロッパ社会的企業研究所（EURICSE）研究員

翻訳：浜井浩一　　龍谷大学

要旨

　未曾有の経済不況下、企業がリストラを進める中でも雇用を伸ばし続けたのがイタリアのソーシャルファーム、社会（的）協同組合（cooperativa sociale）である。彼らのモットーは「連帯と品質」。同じ価値を共有した仲間が集まって、一般企業と異なるフラットな経営で、地域との共生を目指し、付加価値の高い商品やサービスを地域に提供し持続可能な雇用を生み出すことに成功している。EURICSEの研究員のサラ・デェペードリに、ソーシャルファームが持つ経済効果に関する研究を報告いただいた。

はじめに

　現代社会における社会的企業（ソーシャルファーム）の役割とは何だろう。そして、社会的企業が社会にどの程度貢献しているのかを示す必要があるのはどうしてであろう。今日の私の話は、イタリアにおいて法的に社会的企業として認められている社会協同組合を例に、こうした疑問に答えるものである。

　私は、イタリアの事例は、今日の聴衆の皆さんにとって、とても興味深いものに違いないと思う。というのも、イタリアと日本の社会的企業には共通点があるからだ。それは、非営利であること、社会的なサービスと雇用の創造を含んでいること、さらには、最近起こっている社会福祉サービスにおけるイノベーションの多くが上からのお仕着せでなく、市民運動など下からのボトムアップによるものだからである。

　日本の社会的企業へのアプローチで興味深いのは、マーケットや経済的側面との関連性にある。日本では、社会的企業は社会的・経済的な利益をもたらす存在だと見なされている。イタリアのアプローチが少し異なっているのは、イタリアの社会協同組合では、社会的な役割が第一だと見なされていることにある。もちろん、社会協同組合といえども企業である以上、予算があり、経済的な制約にさらされている。そのため、財政・人事管理や生産過程などの管理などにおいて企業家としての素養が必要となるが、経済的な役割はどちらかというと副次的なものだと見なされている。

　社会的企業に関する論文をいろいろと調べてみると、現代社会の様々な問題を解決するために、社会的企業の役割やその重要性を認識する研究者や行政が増えている一方で、社会的企業が果たしている経済的・社会的役割や、社会的企業が最近急増している原因に関する研究はほとんどなされて

いないことに気づく。

　社会的企業が現れたのは、財政難等から、行政が必要な社会的サービスを十分に提供できなくなった状況において、社会的企業は、サービスを増強するために寄付を集めるなどして財政難を克服する能力があるからだと説明されている。しかし、そのような説明は十分とはいえない。社会的企業が果たしている役割は、地域社会や社会経済システムに対する社会的、経済的な効果（インパクト）を調べることで説明されるべきである。ご承知のように、社会的企業は、その社会的、経済的な役割とともに日々拡大している。だからこそ、データを集め、実証的なエビデンスを見つけることで、社会企業の役割や社会的な貢献を明らかにしなければならない。

　近時、こうしたデータに対する公的な要請は、イタリア議会やヨーロッパ社会からもなされている。イタリアでは、2013年6月6日に、第三セクターや社会的企業改革のための法律103号が成立した。そこで導入された改革の中で、この法律は、社会的企業の社会的な貢献に対するアセスメントに向けた透明化と情報公開とを求めている。

　この社会的貢献に対するアセスメントとは、「質的、量的な評価で、短期・中期・長期的な視点から、地域社会の活動に対する効果、それぞれの組織が掲げた使命（ミッション）や活動に沿った評価（第7条3項）」となっている。私たちは、こうした定義は必要にして十分なものであり、これによって地域経済における社会協同組合の役割を現実的に理解することができると考えている。

　しかし、その一方で、政府によるこうした要請は、社会的企業にとってかなり厳しいものだとも考えている。というのも、こうした要請は、社会協同組合に対して、相互の比較を可能にし、経済や社会システムに対する社会協同組合の貢献を理解可能なものとするためとはいえ、大量のデータや情報を収集し、彼らが作り出す価値や指標を明確にすることを求めるものだからである。

　このアセスメントの最大の利点は、社会協同組合が地域社会のために現実に生み出す価値にエビデンス（根拠）を与えることができることにある。さて、それでは、社会協同組合による社会的・経済的な多面的効果について紹介しよう。それは、私がベネト州[1]で行った調査の結果である。ベネト州は、成熟した企業が多いのが特徴の州の一つで、そこでは活動の効率と効果、社会的使命と企業家としての活動のバランスが顕著である。

社会協同組合の概要

　まず、イタリアの社会協同組合について、一般的な情報から紹介しよう。イタリアは、過去20年間で社会的企業が最も着実に発展してきた国の一つである。今日、13,000の社会協同組合が存在し、そのうち56%が社会的サービスを生み出し（A型）、33%が何らかのハンディを持った人（困難を抱えた人）に対する雇用を生み出している（B型）。残りは、その両方を含む多様な活動を行っている。つまり、イタリアの社会協同組合は、社会的サービスの提供と労働市場への包摂（就労支援）の両方を担っているのである。

　2014年にイタリアの社会協同組合が記録した総売上高は102億ユーロであり、40万人の雇用を生み出し、うち10%が何らかのハンディを背負っている人たちである。また、2011年には、42,000人を数えるなど、社会協同組合には多くのボランティ

アが働いている。国の推計によると、2011年の段階で、困難を抱えている人300万人を含む500万人（全人口の8.5%）の人が社会協同組合の提供するサービスを利用している。興味深いことに、社会協同組合は経済危機が深刻なときほど大きく成長を遂げている。2008年から2013年にかけて15.1%も雇用を延ばしている。同時期に、イタリア全体では1.2%の雇用が失われている。こうした成功はどこから来るのか。社会的貢献に対するアセスメントを研究することは、地域社会の経済や社会の発展に貢献する社会的企業の成功の要因を明らかにすることなのである。

財政的側面と経済効果

まず、最初の重要な要因は、社会的企業の経済的な側面である。いくつかの経済的側面の分析によって、社会的企業の地域社会における経済的貢献や、組織としての持続可能性が理解しやすくなる。いくつか事例を紹介しよう。

ベネト州では、他の州と比較しても、様々な規模の社会協同組合が活動している。生産額が50万ユーロ以下の小規模生産の組織も少なくない一方で、年間生産額が100万ユーロを超える大きな組織もある。収益に関しては興味深いデータがある。社会協同組合のタイプによって大きな差があるものの、いくつかの社会協同組合は、市場競争力を持ち、公共機関に対する販売に頼らなくても自立する能力をもっている。

Ａ型と呼ばれる社会的なサービスを提供する協同組合は、年間収入の73%を公共機関からの収益に頼っている一方で、Ｂ型と呼ばれる社会協同組合では、ビジネスの多様性やイノベーションによって、収益の62%を市場での販売か、企業との取引から得ている。

さらに、他に二つの社会協同組合の効率性を示す側面がある。一つは、彼らはもともと持っているリスクが小さいということである。というのも、社会協同組合の収入構造が重層的であり、そして、少数の投資者に頼っていないからである。もう一つは、社会協同組合は、EUの補助金、地方の補助金や（たとえ金額としては少ないとしても）寄付など、多様な財源を求めることができるということである。

経済的側面の最後として、純資産を考慮しなくてはならない。一般的に社会協同組合、特に生産性の高い社会協同組合ほど高いレベルで純資産をもっている。そのほとんどは前年度の蓄積された利益から作られたもので、それらが投資、成長、イノベーションや総合的な資産形成を可能にし、地域社会に経済・社会的貢献をもたらしている。

さらに、そのことによって、社会協同組合の利益構造（利益の妥当性）を理解することができる。利益は財政的資源として蓄積されるため、利益を得ることで社会協同組合は資産を増加させ、長期的に見た経済的安定性と持続可能性を改善することができる。また、最後に、商売を畳むときに、社会的企業の純資産は他の社会的活動に投与され、それが社会貢献につながることも指摘しておかなくてはならない。

さて、財政データの分析によって、私たちは社会的企業の経済的役割について理解することができた。しかし、地域社会に対する経済的貢献をトータルに理解するためには、財政面以外の側面も考慮する必要がある。

第一に、地域に対して社会的サービスを提供する

という、社会協同組合の活動を支えている重要な資源（リソース）は不動産である。そして、興味深いことに、多くの社会協同組合は財産を持ち、不動産への大きな投資で競争力をつけている。しかし、さらに社会的協同組合の資源を確かなものとしているのは、行政機関との強固な関係や地方政府との信頼関係である。社会協同組合の資源の多くは、公的機関が所有している土地や建物であり、それらを使うことで社会協同組合はサービスを供給することができ、また、様々な投資も可能となっている。

このように、無料で建物を使用できるといった公的機関とのパートナーショップは、単に社会協同組合にメリットがあるだけでなく、使われていなかった施設を補修したり、そこを利用価値のあるものにしたりすることによって、公的機関や地域にも恩恵をもたらしている。

さらに、社会的企業のもう一つの経済的貢献の側面として、社会的企業自体が、地域から物資を購入するという点も指摘しておく必要がある。社会的企業による物資の購入の75%は地域経済の中で行われ、それによって地域経済に貢献しているのである。また、地域の第三セクターについても、購入の約15%は非営利団体によるものである。

社会的側面と社会的効果

では、次に、私の所属するヨーロッパ社会的企業研究所（European Research Institute on Cooperative and Social Enterprises）にとっても重要な概念である、社会的企業の社会的な貢献に関する指標を見てみよう。

イタリアの社会協同組合の特徴の一つはガバナンスの重層性にある。これが従来の伝統的な非営利団体に対する、社会協同組合を含む社会的企業の利点となっている。伝統的非営利団体は一般的に（Henry Hansmann[2]によると）非独占組織であるのに対して、社会的企業はステークホルダー（利害関係者）[3]によって効果的に運営されている。

イタリアのほとんどの社会協同組合には、クライアントである組合員だけでなく、寄付者、その他の公的・私的組織やボランティアがその運営に関わっている。重層的なステークホルダーによるガバナンスは、ステークホルダーそれぞれの利害を守り、組織の社会的目的（存在意義）を強化する。それによって、さらに多くの人がコミットし、信用と信頼が拡大し、結果として、地域でのプレゼンスが高まり、資源を集める機会を増加させることにつながっている。

その他、社会協同組合の民主的な運営や包摂的プロセスに関する指標として、ネットワーキング（連携）への投資がある。ネットワークは、社会協同組合にとって、知識を共有し、新しいサービスを生み出し、地域での資源を集め、活動を改善するための重要な機会そのものである。

質的にも量的にも、二つのタイプのネットワークが、社会的企業に付加価値を与えている。一つは、公的機関とのネットワークであり、そして、もう一つは他の企業とのネットワークである。公的機関とのネットワークに関しては、社会協同組合の収入に関するデータや契約数が、そのパートナーシップの重要性を示している。

しかし、社会協同組合は、ただ単に経済的な理由や契約だけで公的機関とつながっているわけではない。イタリアの社会協同組合は、質の高いサービスを生み出したり、優れた地域政策を実現した

りすることで、直接的・間接的に社会貢献につながるような連携を模索している。多くの社会協同組合が公共機関と一緒に、サービスの設計や政策評価のためのパブリックミーティングに参画している。社会協同組合は、ハンディを背負った人々の就労の機会や利用者のニーズにより良く答えるために、地域行政と一緒に活動し、そして、多くの社会協同組合が地域政策の策定に関与している。

民間企業とのネットワークについては、いくつかの計量経済学の指標によって示すことができる。社会協同組合同士の連携や他の社会的企業との連携の商業的な価値や貢献については、すでに述べたとおりである。しかし、彼らの社会的貢献に目を向けると、一般企業とのネットワークは、生産や企業経営のノウハウの増加、ひいてはサービスの量や質の向上やサプライチェーン[4]の向上につながっている。民間企業との連携によって、社会協同組合は、競争力を増し、公共の入札に参画し、ひいては、技術を身につけたハンディを持つ従業員を、一般企業に就職させることにつなげることができるのである。

さらに、社会協同組合が他の第三セクターと協力することで、ソーシャルキャピタル（社会資本）の架け橋となったときに、ネットワーキングは地域社会に大きく貢献するこができる（つまり、それは、異なる社会経済的背景を持ちながらも、同じ使命を持ち、異なるグループに所属するメンバー同士の信頼関係を向上させる）。社会協同組合の多くが、他の同様の組織とのコンソーシア（連盟）に参加したり、他の第三セクター組織とネットワークを結んだりしていることをデータは示している。

こうしたネットワークは、社会的企業の競争力を高める点で実質的メリットがあると同時に、社会的貢献にもつながっている。ネットワークが生み出す社会的貢献とは何か、少し例を示して説明しよう。

他の第三セクターとの協力は、それぞれの組織に様々な連帯的な行動を可能にする。他の組織に対する無料のサポートや助言を与えたり、借入や寄付を与えたり、財政難から他の組織をレイオフされた人を受け入れたりするなどである。これに次いで、地域社会にとって最も大きな直接的メリットは、地域のニーズに対する対応や政策に影響を与えることと関係している。社会協同組合は、ボランティアの参加や、関与している組織の個別的資源や資金調達活動のおかげで、クライアントに新しいサービスを無料で提供できる。そのことによって、他の組織と協力することで長期的かつ幅広く、地域社会に対してこれまでになかったサービスをデザインし、提供することができる。

アウトプットとアウトカム（社会的企業が社会的包摂を作り出すサイクル）

これまでに述べてきたような競争的優位や、社会的企業独特の特徴、統合的（連帯的）プロセスによって、イタリアの社会協同組合は、社会的サービスを生み出し、ハンディを持つ人々を雇用市場に組み入れるという社会的目標を達成してきた。そして、以下のような中心的活動を効率的、効果的にサポートすることができている。

Ａ型の社会協同組合は、子どもたち、若者、障がい者、高齢者、移民やホームレスといった人たちに、医療サービス、教育的・文化的サービスといった多くの社会的サービスを提供するなど、地域の幅広いニーズを満たすその優れた能力によって社会に貢献している。彼らの貢献（を示す指標）は、そのユーザー数に表れている。すでに紹介し

たように、人口の8％の人が（その割合は社会協同組合が網の目のように広がっている地域ほど高くなっている）社会協同組合からのサービスの提供を受けている。しかも、この割合は年々著しく増加し、行政によるサービスの提供、人口の変化や新たに生まれるニーズに対しても的確に応えている。

つまり、社会協同組合の成功を説明する最も重要な要素は、彼らの提供するサービスの質にあるといえる。社会協同組合によって提供される社会的サービスは、良い意味で（行政サービスと異なり）、しばしば標準化されていない。しかし、それだけに一人ひとりのニーズに応えた、ユーザーの個人的特性に合った柔軟なものとなっている。社会協同組合の作り出すサービスの質は、クライアントや彼らの家族、そして公的機関によって高く評価され、満足度も高くなっている。

B型の社会協同組合でも同様の結果が表れている。彼らの活動は、地域の社会・労働政策に大きく貢献し、その効果は、ハンディを持つ人たちの高い就業人員に表れ、就労支援の効果は、専門的かつ統合された就労プロセスにも表れている。

B型の社会協同組合は、もともとは心身に重い障がいを持つ人の就労支援を目的として作られたものだが、近年は、ニート、移民や犯罪者など、新たなタイプのハンディを持つ人たちにも就労の機会を提供している。さらに、社会協同組合が持つ統合された就労支援プロセスの強みは、生産を増やし、ハンディを持つ就労者に貢献するために、他の組織が持つサービスチェーンを利用したり、彼らの活動に他の社会協同組合のユーザーを導いたり、彼らの習熟した従業員の潜在的受け皿であるパートナーを見つけたりする社会協同組合の能力にある。

残念ながら、最近の経済不況によって、ハンディを持つ人たちの就労は試練にさらされている。にもかかわらず、データは、社会協同組合が引き続きハンディを持つ人たちにとって重要な役割を果たしていることを示している。この期間も、ハンディを持つ人たちの雇用は毎年3〜4％増加し、訓練期間を含め、就労しているハンディを持つ人たちの72％が、任期のない社会協同組合の正組合員として働いている。そして、平均して4.5％が一般企業へと就職している。

7　一般雇用へ──就労の質的側面

これまでに紹介したデータは、イタリアにおける社会協同組合の社会的、経済的役割を表すのに適切な要素を含んでいると同時に、他の国の社会的企業にも当てはまるものである。これらの数字は、社会的企業の実社会での活動を表す、経験、投資、参加、ネットワーキング、その他の多くの特徴の結果を示している。

しかし、社会協同組合の社会的役割を最終的に結論づけるためには、（人が資本の企業である組織の性格上）彼らの活動の柱の一つを考慮しなくてはならない。それは、従業員（組合員）そのものである。社会協同組合の雇用への貢献は明確である。2014年には40万人が社会協同組合によって雇用されている。そして、近年、その数は、経済・財政危機の期間を含めても確実に増加している。

イタリアの社会協同組合は、生産性が高く、財政的にも安全かつ安定している組織であることをデータは示している。また、社会協同組合がコンソーシアによってネットワーク化され、他の第三セクターや公的機関や一般企業ともネットワークを結ぶこと

で、さらに発展するためのシステムを作り上げることに成功していることもデータは示している。

　経済危機が、社会的企業にまったく影響を与えなかったとはいえないとしても、そして、公的資源の不足や他の機関の財政危機が社会的企業の収入に間接的な影響を与えたとしても、社会的企業の主要な資源と最も重要な結果は、そこで働き続けている従業員たちの存在にあることは間違いがない。

　社会協同組合の中で最も生産性が高く、企業家精神に富んだ地域（ベネト州もそのひとつだが）のデータを見ると、四分の一以下の社会協同組合が従業員15人以下であり、四分の一以下が従業員100人以上である。そして、この業界は女性の雇用をより多く生み出している（社会協同組合の全従業員の75%が女性である）。特に、若年女性においてそれが顕著である（データによると従業員の16%が30歳未満である）[5]。

　さらに、社会協同組合は、法律上の定義にあるような明確なハンディを持っていない一般の求職者に対しても、労働市場弱者と見なされている者、たとえば長期間にわたって失業している者、社会的な困難を抱えていて社会福祉の支援を受けている者や就職が困難な若者といった者を、社会的なプロジェクトの一環として雇用している。

　社会協同組合の雇用への貢献といった質的側面は、雇用の安定性（78%が任期のない雇用契約）、勤務時間の柔軟性（43.8%の従業員がフルタイムで雇用され、パートタイムは女性従業員のニーズに従って設定されている）、地元雇用（64%の従業員が社会協同組合所在地の州の出身者で、28.9%が所在地の市町村の出身者である）などの指標に表れ

ている。そして、結果として、従業員の仕事に対する満足度はとても高く、社会協同組合の社会的使命にコミットし、その活動に専念し、すばらしい活動に従事している。

8　結語

　社会的企業の貢献を理解するためには、多くの側面や要素に注目する必要がある。

　本日説明した様々な情報が、社会協同組合が生み出している経済的貢献、社会的な価値の創造、社会的企業の社会や労働政策への貢献、地域社会の発展への貢献を理解する手助けになれば幸いである。

　今回紹介したイタリアの事例やデータは、国際的な領域における社会的企業の活動の一例であるが、イタリアの社会協同組合モデルは、社会的な目的（社会的包摂）の名のもとに行われる企業活動のベストプラクティス（最良の実践）の一つである。イタリアは単に社会協同組合運動において最も歴史を持っているだけでなく、社会的目標や本質を失うことなく、近年は、社会的企業のイノベーションや発展に象徴される効果的なエコシステムを生み出している。

　イタリアの社会協同組合の大きな強みは、企業家と社会活動家という二つの顔の間でのバランスを上手にとる能力にあると私は考えている。そうすることで、人々のニーズに応え、必要なサービスを作り出し、提供することで、多様なステークホルダーだけでなく、社会全体に貢献するより良い答えを出しているのだ。つまり、社会協同組合の特徴は、単に経済効果によって測定できるものではない。それに加えて、組織としての連帯、リスクをとった投資、

多様な分野での活動によって成長する能力などによって測ることのできる、優れた生産性と企業家としての能力にあるのである。

　こうした企業家としての能力は、サービスを発展させるために必要な（市場資源や個人の関心といった）資源を呼び込むことに対して、目に見える効果を持っているだけでない。さらには、投資、消費や都市再生を促進することなどによって、直接関わってはいない第三者にも影響を与えている。

　良いビジネスは、社会的活動の方法、より良いサービスを生み出す能力、利用者やステークホルダーの幸福に対して妥協をしない。社会の異なるニーズに応えるサービスとは、フレキシブルで、しばしば顧客のニーズに合わせることができ、利用者だけでなく、その家族にも良い効果をもたらすことができる。

　同時に、社会協同組合の持つ力は、様々なネットワークを通して、市民、パートナー関係にある企業、第三セクター、公的機関や政治家などを巻き込んで、関わっている者すべての信頼と協力を向上させる。そして、社会的企業自身の成長をサポートする財政的、人的、そして意欲といった資源を増加させることで、地域社会のニーズにより良く応える。そうすることで、人々の幸福に貢献することのできる社会サービスを、ともに考え、ともに生み出すことができるのである。

　もちろん、社会協同組合のモデルに弱点がないわけではない。ベストプラクティスの中にも、一貫性のない行動で、地域やパートナーの信頼を失ったり、公的資源の非効率的な管理によって組織としての持続可能な活動に支障をきたしたり、競争入札によって他の組織との協力関係を損なったりすることもある。しかし、協力関係が向上し、すべてのステークホルダーが関与し、社会的企業による経済的そして社会的な貢献が、社会に新しい価値を加えていることが理解されたときに、こうしたリスクは限定的なものとなるのである。

（2017年3月20日開催、日伊シンポジウム「ボッラーテ刑務所の奇跡──ソーシャルファームを活用した社会復帰」より収録。）

［注］
1　ヴェネチアを州都とする北部イタリアの地方行政区域で人口は約500万人。
2　エール大学教授（法と経済学）非営利団体を財源の調達とそれを誰が管理しているかという点から分類した研究で有名。
3　消費者（顧客）、従業員、寄付者、ボランティア、仕入先、得意先、地域社会、行政機関などの利害関係者。
4　サプライチェーンとは、企業の経営・管理で使用する用語で、原材料・部品の調達から、製造、在庫管理、販売、配送までの製品の全体的な流れのこと。
5　イタリアの若年者の失業率は2014年に40％を超えたが、徐々に低下し、2016年に40％を切り、2017年には30％前後となっている。

（サラ・デェペードリ、はまい・こういち）

英文要旨

Summary: The Social and Economic Value of Social Enterprises: From Impact Evaluation to the Understanding of the Competitive Advantages of Italian Social Cooperatives

Keywords: social enterprise, Italy, social and economic impact, cooperativa sociale

Sara DEPEDRI

(Senior Researcher, the European Research Institute on Cooperative and Social Enterprises)

What is the role of social enterprises in modern economies? And why can we demonstrate the impact that these organizations produce today for the society? This paper will answer these big questions by looking to the Italian case of social cooperatives, the main legal form assumed by social enterprises (cooperativa sociale) in Italy. Italian approach is quite useful for the develpment of the Japanese social enyerprise, since the Japanese and the Italian model of social enterprises present some common traits: the nonprofit constraint; the involvement in the production of both social services and employment opportunities; and mainly, both in the Italian and in the Japanese experience citizenship mobilization and a bottom-up phenomena have ensured in the last years relevant innovations in the supply of welfare services.

特集　矯正・保護総合センター主催日伊シンポジウム「ボッラーテ刑務所の奇跡——ソーシャルファームを活用した社会復帰」報告

CAFÉ RESTAURANT ほのぼの屋の挑戦
福祉からの脱却をめざして

キーワード：障害者 就労継続支援、舞鶴、レストラン

内海あきひ　社会福祉法人まいづる福祉会ワークショップほのぼの屋施設長

要旨

　CAFÉ RESTAURANT ほのぼの屋は、2002年に社会福祉法人まいづる福祉会が設立したフレンチレストランである。そこで働いているメンバーの多くは精神障害などの困難を抱えている人たちである。このレストランの最大の特徴は、他の障害者のための就労継続支援事業と異なり、一般のレストランと競争ができるスキルを追求し、そこで働く障害者に自立可能な生活を保障するだけの給料を支払っていることにある。それを可能にしているのは、リピーターを生む料理と接客など従来の福祉事業を超えたビジネスとして生き残るための発想力である。

ほのぼの屋の挑戦

　「社会福祉法人まいづる福祉会ワークショップほのぼの屋」は一般就労が困難な障害者の就労を保障する施設として2002年4月に開設された。今年で15周年を迎える。
　開設当初20名だった利用者は現在67名（定員60名：就労継続支援A型10名、就労継続支援B型50名）である。
　障害の種別は、精神、知的、身体、発達障害と様々だ。

カフェ＆弁当＆マルシェ『BONO（ボノ）』

　仕事の種類も「レストラン事業」「不燃ゴミの手選別作業」、「新聞配達・集金業務」からスタートし、「ブライダル事業」「ホテル事業」「清掃メンテナンス事業」「精米販売事業」など次々と新しい仕事の開拓を進めてきた。また、2年半前、新たに「カフェ＆弁当＆マルシェ」の店舗『BONO（ボノ）』を起ち上げた。
　自立をしたいと願う彼らにとって、一番大切な支援は「給料の保障」の他にないと考えているからだ。

(1) CAFÉ RESTAURANT ほのぼの屋で働くメンバーたち（写真①）
　私たちスタッフは一緒に働く障害ある彼らのことをメンバーと呼ぶ。
　メンバーたちの表情、自信に満ちあふれた笑顔

だ。

しかし、彼らは最初からこんな笑顔だったわけではない。ここに至るまでの道のりが、ほのぼの屋のかけがえのない歩みだ。

> **舞鶴市の障害者をとりまく環境**
> ・精神障害者手帳所持者数 337人（0.4％）↑
> ・療育手帳所持者数 924人（1.1％）↑
> ・身体障害者手帳所持者数 4,866人（5.6％）↑
> ・人口 83,990人↓（34,709世帯 2016年10月）
> ・65歳以上 28.7％↑（全国平均25.1％京都25.8％）
> ・完全失業率 4.9％（全国平均3.4％）
> ・生活保護受給者 1,147人↑

⑵ ほのぼの屋がある街「舞鶴」の状況

京都府の北部、京都市内から車で高速道路を利用して1時間と少し。城下町と赤れんが倉庫群が立ち並ぶ軍港の街だ。年配の方のイメージは「引き揚げの街」「岸壁の母」であろう。最近では1昨年、舞鶴引揚記念館に収蔵された資料がユネスコ世界記憶遺産に認定されたことがニュースになった。

人口は83,990人……減少の一途をたどり、高齢化も進んでいる。また、完全失業率も全国平均より上回っている。

⑶ 日本の障害者の暮らし

日本では障害者総合支援法のもとで、障害者に対する様々な支援の内容が決められている。所得の柱になるのは、1級から3級の等級によって支給される障害基礎年金。

一番支給が多い1級の方で現在月額81,000円弱。これは、生活保護費よりも低い水準のままだ。

そのため、年収が122万を下回る障害者は81.6％にものぼる。

日本は2014年1月に障害者権利条約に批准をしたが、その内容に見合った法整備は大きく立ち遅れており、障害があることは本人や家族の責任ではないはずなのに、実態はそのほとんどが家族の肩にのしかかっている。

⑷ 国内総生産に占める障害者の生活支援にかける国家予算の割合（図1）

先進国といわれる35カ国が参加するOECD（経済協力機構）の2011年のデータによると日本は北欧に大きく遅れ、OECDの平均水準より低いことがわかる。

このときは、イタリアよりも若干上だったが、2013年には逆転している。

⑸ ワークショップほのぼの屋の前身──まいづる共同作業所のこと（写真②）

1977年、今から40年前、舞鶴の地に障害者が働く作業所「まいづる共同作業所」が誕生した。それまで障害がある人たちは就職や進学ができなければ、ずっと在宅か、入院の生活を余儀なくされていた頃である。

家族や学校の先生をはじめ市民の有志の手によって準備会が設立され、念願の作業所が出来たのだ。これは、全国的にも画期的な出来事と言える。ただ、お金が全くない、補助金も何もない状態だったため建物は廃材を持ち寄って作ったプレハブで、スタッフ3名も無給という状態だった。そんな中で、精神に障害がある10名を迎えてスタートをする。

⑹ 働くなかでたくましく（写真③）

在宅であったり、長期の入院生活をしてきたメンバーは、作業がはじまりお昼ご飯の時間になるとそれぞれ壁に向いて食事をし始める。その姿に愕然としたと当時のスタッフから聞いた。それでも、みんなで竹箒を作り販売してまわったり、資源回収をしたりと仕事をいっしょにするうち、以前はお互い背を向けて食事をしていた人たちが、道具の貸し借りや「これたのむ」「こうしてみよか」など自然にコ

図1　国内総生産に占める障害ある人の生活を支える支援にかける国家予算割合

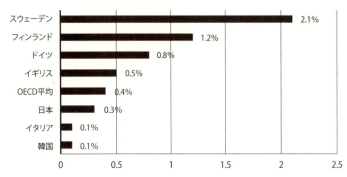

※　先進国といわれる35カ国が参加するOECD（経済協力開発機構）の2011年データによる。

ミュニケーション能力をつけていった。

(7) 無認可の共同作業所から法人格取得、「社会福祉法人まいづる福祉会まいづる作業所」に

1991年さらなる願いを行政に訴え、多くの市民の後押しもあり、知的障害者授産施設「まいづる作業所」が完成。補助金を得られるようになったことで職員数を増やすことができ、さをり織り、木工などの自主製品を開拓していき仕事をどんどん増やしていった。

また、精神障害、身体障害の方々も引き続き受け止めるため、無認可の共同作業所も引き続き運営をすることになる。

(8) どんなに頑張って働いても月給5,000円〜20,000円、なんとかしなければ！

自立可能な給料保障には、自主製品の製造販売・下請け作業では限界があった。

また、利用希望者は増え続け小さな無認可の共同作業所が50人の大所帯になり、更なる作業所作りが急務になる。

50人のメンバーの思いや願いを知るために全員にアンケートを実施。

1. どんな作業所をつくりたいか
2. どんな仕事がしたいか
3. 給料はいくら必要か

アンケートの結果は様々だったが、身近に存在するお店屋さんで働く仕事を希望する人が大半だったこと。（特に食べ物屋さん）また、給料の額は当時障害基礎年金60,000円と共同作業所の給料15,000円で、法人が運営するグループホームで生活しておられた人の意見が切実だった。75,000円ではギリギリの生活でジュースを買うお金も残らない。

せめて、給料が50,000円あったら、少しずつでも将来のために貯金ができるというものだった。

(9) 第2まいづる共同作業所ほのぼの屋──古本屋さんの営業開始（写真④）

新しい作業所はお店屋さんにしよう！　給料は50,000円を目指そう！　ということで古本屋を拠点に、町の工務店に出かけたり、ゴミの分別作業をしたり、施設外就労にも取り組み、様々な仕事で稼ぎ50,000円の給料を実現していった。

お店の良さは、給料だけではない。小さな子どもさんやお年寄りまでお客さんとして当たり前に一般の方が入ってくる。

それまではいわゆる「施設」の中での仕事なのでほとんど交流することはなかった。

これはお互いを知らないことでの偏見や差別を生

み出す原因にもなっていると考える。

古本屋では普通に「いらっしゃいませ」「料理本はどこですか？」「ここにありますよ。これが新しくておすすめです」など会話が進み、自然に「障害があってもこんなに働けるんだ」ということを身近に感じられる場になっていった。

⑽　障害者福祉連続フォーラム（写真⑤）

第2まいづる共同作業所ほのぼの屋開店のわずか3年後、さらに利用者が増え、まいづる福祉会は次なる店作りを模索しはじめる。

「レストランほのぼの屋」を作ろう！

ただ、今回は法人にとって一大プロジェクト。これまで以上に行政や市民に関心をもってもらう必要があった。そのためのフォーラムを開催する。

フォーラムは大成功。行政との共同、他施設との共同、市民・地域との共同、多彩な講師陣、障害者自身が情報発信する場となり1,200人規模のなかで「必要なんだ、作ろう！」といううねりができる。

⑾　施設建設に対する地域住民の反対

建設予定地が決まり、私たちが思い描く建物のイメージや設計も着々と進んでいき、着工前に、近隣住民への説明会を開催する。

当時、1年前には池田小学校の児童殺傷事件、西鉄バスジャック事件など世間を驚愕させた事件が相次いでおり、「精神鑑定」という言葉を頻繁に聞くようになっていた。

ワークショップほのぼの屋は精神障害者の授産施設として開設するため、その影響は大きく、地域住民のみなさんから大きな不安の声と反対を受けることになる。

それでも丁寧な説明会を重ねプレオープンでの試食会に住民のみなさんを招待するなど、賛成反対が半々となり、なんとか開所にこぎつけることができた。

⑿　やるからには一流をめざそう！　笑顔と心からのおもてなしを合い言葉に一緒に頑張った（写真⑥）

一流のシェフ、あとのスタッフは全員素人集団。

毎日の仕事をこなしながら悪戦苦闘の日々が続く。

一流の味に魅了され、オープン初日から連日連夜超満席。3ヶ月先まで予約でいっぱい。私たちスタッフは支援者としての仕事はほとんどできず、お店を回すことで精一杯だった。これがよかった。何も言わず、必死に仕事をこなすスタッフを見ながら、メンバーたちは「今、自分にできること」「今、何をすればいいか」を一生懸命考えはじめた。

最初はてんでんばらばらの仕事の仕方だった彼らは自然にチームワークができるようになったことも素晴らしい。

今では、地域の中で一番強固に反対されていた方が一番のお得意様に。

「こんないいもんができるんやったら、ちゃんと説明してくれなあかんわ！」（笑）

⒀　2016年10月ホテル事業をスタート（写真⑦）

レストランに隣接した空き物件を購入。改修して小さなホテル、「Auberge de Bono（おーべるじゅどぼの）」をオープン。わざわざシェフの味を求めて来てくださるお客様のために、ベッドメイキングはもちろん花壇の手入れ、メンテナンス全てをメンバーが行う。

⒁　毎日毎日、メンバーは超忙しい（写真⑧）

朝、9時に出勤。10時までの1時間でお店の開店準備を全員でする。庭の掃除、植物の手入れ、ホールの掃除機かけ、モップかけ、テーブルクロスをかけ、グラスやシルバーに曇りや指紋がないかを確認しながらセッティング。

ほのぼの屋は壁全面総ガラスの大きな窓がある。その高窓ふきももちろんメンバーの仕事だ。

お店がオープンすると、バックヤードのメンバーはテーブルクロスやナフキン、シーツなどの洗濯、アイロン掛けにおおわらわ。

接客や皿洗い、料理補助、、、レストランにはそれはそれは沢山の仕事があるのだ。

それは裏を返すと、適材適所の仕事がみつかるともいえる。

超多忙な日々を過ごす中で、ひとりのメンバーが「生まれて初めて自分の仕事に誇りがもてた」と言ってくれた。

(15) メンバーの給料アップと仕事の質や生活の変化

現在給料は時給410円〜1060円。仕事ぶりや店への貢献度によって半年に1回見直しを行っている。多い人で、月15万円の給料。年金を合わせると21万ほどになる。充分自立可能な額だ。頑張れば頑張るだけ給料が増える。そうなると、仕事への姿勢が変わっていき、プロ意識が高まった。将来への希望や目標がはっきりもてるようになっていった。

(16) ほのぼの屋のメンバーは特別ではない──知的障害Aさんの場合(写真⑨)

Aさんは知的障害がある。地元の支援学校卒業後、すぐに通所が始まった。

数の認識は5個までは理解できている。

笑顔が抜群な彼女はもちろん自分の給料が実際どのくらいの価値なのか理解できていない。しかし、5年後、そんな彼女の給料が10万円を超えた。とうとう、お母さんのパートの給料を超えてしまったということで一人前に認めてもらえた、そういう瞬間だったのだと思う。

そのときの私に送られたられたメールだ(写真⑩)。

こんな素敵な彼女を含め、みんなで支えあって、カバーしあって仕事をしている。

(17) 自ら働く人は人生の主人公になりえる

彼らから学んだことは本当にたくさんある。

人はどんなに障害があっても人の役に立ちたいと思っていること。

「給料が上がる＝評価してもらえる」ことでますますやる気になって自らが働くようになること。

自ら働く人は人生の主人公になりえること。このことを大切にしていきたいと思う。

(18) ほのぼの屋の『おもてなし』の集大成はブライダル(写真⑪)

これまで306組のカップルがほのぼの屋で挙式披露宴をし、新しい人生をスタート。その大切なお手伝いをみんなで心をこめてやり遂げる。

そしてお客様に喜んでいただけた時の達成感！

記念日にはまたお店を訪れてくださるのだ。

ぜひ皆様も、ほのぼの屋にお越しください。彼らの笑顔に会いに！

(19) 参考資料

『愚直に〜まいづる共同作業所30年のこころ〜』
『コトノネ』Vol.18
NHKハートネットTV　ブレイクスルーVol.1『ぼくらの夢のレストラン』など

写真①

写真②

写真④

写真③

写真⑤

写真⑥

写真⑧

写真⑦

写真⑨

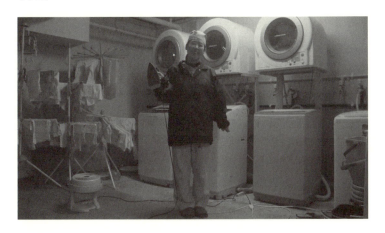

写真⑩

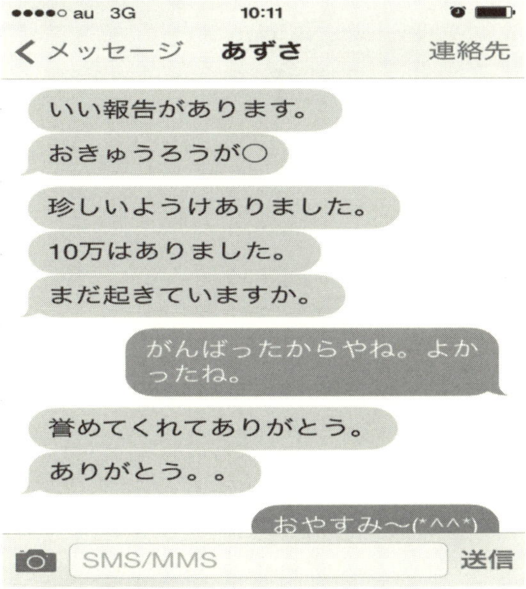
●●●●○ au 3G
10:11
メッセージ
あずさ
連絡先
いい報告があります。
おきゅうろうが○
珍しいようけありました。
10万はありました。
まだ起きていますか。
がんばったからやね。よかったね。
誉めてくれてありがとう。
ありがとう。。
おやすみ〜(*^^*)
SMS/MMS
送信

写真⑪

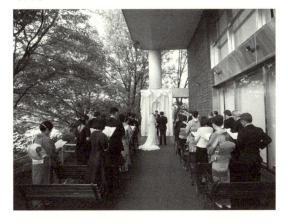

英文要旨

Summary: The Challenge of the CAFÉ RESTAURANT HONOBONOYA: Breakaway from Welfare Business

Keywords: disability, mental disorder, social-welfare corporation, restaurant

Akihi UTSUMI
(Director, CAFÉ RESTAURANT HONOBONOYA)

The CAFÉ RESTAURANT Honobonoya has established in 2002 by a social-welfare corporation. Many of the employees have a disability such as mental disorder. Unlike other businesses run by social-welfare corporations, the restaurant has successfully survived in the market and provided the employees with enough salary to rent an apartment and live independently. This paper will explain the imagination and innovation which the restaurant has adopted during 15 years.

個別研究

刑事処分を受けた者の社会復帰支援の現況と課題
地域生活定着促進事業10年をむかえて
古川隆司

性加害行為のあった知的障がい者の支援のあり方
障がい者福祉の支援者の語りから
我藤諭・山﨑康一郎・水藤昌彦

多文化共生社会へのアプローチ
滞日インドネシア・ムスリム女性のライフヒストリーから
野村佳絵子

保護観察と退去強制に関する一考察
荻野太司

自立準備ホームの現状と課題
掛川直之

個別研究

刑事処分を受けた者の社会復帰支援の現況と課題
地域生活定着促進事業10年をむかえて

キーワード：地域生活定着支援センター、地域生活定着促進事業、フォローアップ、広報・啓発

古川隆司　追手門学院大学

1　はじめに

　何らかの罪をなした障害者・高齢者について[1]、刑事施設における実態調査結果が公表され、厚生労働科学研究田島班（以下、田島班）による政策提言によって、地域生活定着支援事業（当時）による地域生活定着支援センター（以下、定着支援センター）の社会復帰支援が始まって10年が経過した。また厚労科研田島班の事務を担った社会福祉法人南高愛隣会を中心に、一般社団法人全国地域生活定着支援センター協議会（以下、全定協）が設立され、触法行為をなした障害者・高齢者の社会復帰支援および、厚労科研田島班パート2（以下、田島班パート2）の政策提言をうけて始まった「入口支援」に取り組むようになった。

　この他、元被収容者自身による自助組織も各地で取り組みを始めている。たとえば五十嵐は、コーヒーを商う事業所を開き、出所者を雇い入れ共に働いている[2]。また、ま～るは現在刑事施設にいる被収容者や元被収容者へ定期的に手紙を送り続けている[3]。

　かつて筆者は、地域生活定着促進事業における更生保護や更生保護施設を中心に、①刑事施設から社会内処遇へ、②社会内処遇から地域生活移行へ、③地域生活移行から地域生活への定着へ、と段階を設けて、それぞれの段階で連携し合う専門職や協力者・団体が増していけるような支援の段階を想定した。とくに③では「社会福祉やケアサービスの事業者（＝受け入れ先、引用者が追記）だけが担うのでなく、地域社会へ参加するような足掛かりとしての就労・ボランティアなどの組織の協力を得られるような社会資源の開発を」進め、「コミュニティワークにおいて、地域社会の福祉の向上」として、その地域社会の福祉課題の一部として収斂するようなモデルを提示した（**図1**[4]）。これは、津富と尾山がかつて「犯罪者が社会の一員であると見なされるために……（中略）……「社会」についての語りを書き換え、犯罪者を社会の一員であると認識することが必要」（津富・尾山 2009: 162）と提案したことを実践する具体的方法といえる。

　以上の視点にたち、本論は地域生活定着支援センターの実績について、法務省の各種統計・全定協による公表データおよび、関連する調査研究をもとに課題を探る。そして、地域生活移行後のアフターケアに焦点をおいて考察を行う。

2　社会復帰支援をめぐる社会的背景の変化

(1)　地域生活定着促進事業の前後

　2006（平成18）年1月、山口県のJR下関駅を放

図1　社会復帰支援における矯正・保護と社会福祉の連携

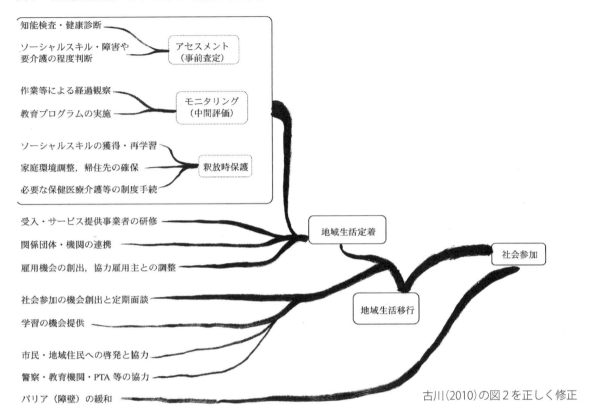

古川（2010）の図2を正しく修正

火した男性（当時84歳）は、累犯障害者で出所したばかりで、「刑務所に戻りたかった」と述べたことが大きな反響を呼んだ。また、元国会議員の山本譲二による『獄窓記』『累犯障害者』など自らの受刑経験を記した一連の出版で、刑事施設の高齢者や障害者の存在に関心が寄せられるようになった。同年、厚生労働科学研究で田島班が始まり、刑事施設に数多くの知的障害者がおり、その多くが福祉サービスを利用していないとの調査結果が公表され、2009（平成19）年度から地域生活定着支援事業が始まり、地域生活定着支援センター（以下、定着支援センター）が発足した。また、各矯正管区の拠点刑事施設だけに配置されていた社会福祉士が、全ての刑事施設へ配置されるようになる。

2011（平成21）年度には全ての都道府県に定着支援センターが開設され、触法高齢者・障害者の社会復帰支援が始まっていく。また、2009（平成19）年度から始まった田島班パート2が、「入口支援」について、政策提言と長崎でモデル事業を行い、その後全国の定着支援センターでも始まる。加えて、刑事司法手続で実刑を回避し福祉的援護に委ねる等事実上のダイバージョンが、保護観察所や検察庁による取り組み、各地の弁護士会や社会福祉士会との協力で進んだ。

これらの取り組みや全定協でのセミナー等は各地の新聞・テレビ放送で取りあげられ、関係する学会でも大会シンポジウム・分科会が開かれた[5]が、2015（平成25）年以降は減少する。

これらの背景には、未成年者による凶悪犯罪[6]や、著名人の薬物犯罪など、非行や犯罪に対する関心の変化があったことが推測される。

また当初、社会復帰支援の基調は主に、触法高

齢者・障害者もまた社会的弱者である、というものであった。けれども同じ「弱者」でも、窃盗の刑事裁判における認知症の認定、認知症ドライバーによる交通事故での被害など、社会的な関心の指向性が変化してきた。その結果、出所した元被収容者の社会復帰支援への関心が薄れてしまう結果になったと考えられる。

(3) 出所者による事件と差別観

　刑事処分後の元被収容者たちが円滑に社会復帰していくには様々な課題がある。とくに、元被収容者による再犯事件が起こった場合、社会的な風当たりは強まってしまう。それがさらに触法障害者である場合、定着支援センターが受け入れを交渉する場合等に一層影響を及ぼしてしまう。

　近年最も影響を及ぼしたと考えられるのは2016（平成28）年7月26日に神奈川県相模原市の障害者施設やまゆり園での入所者・職員45名を殺傷した事件であろう。その事件の凄惨さは関係者に衝撃を与えた。それ以上に、事件をなした元職員植松聖被告による障害者差別の言動や、かれが過去に精神疾患で措置入院の経験があったことが注目された[7]。これは、措置入院歴やその属性を捨象して、精神疾患のある者による犯罪への危惧を強め、定着支援センターの取り組みにも影響を及ぼしたことは想像に難くない。

　社会復帰支援において重要なのは、元被収容者の受け入れ先や雇い先の確保だが、受け入れ先等はかれらを受け入れることの社会的意義を理解しつつも、一部の著名な会社や経営者を除けば、再犯をしないかどうか・取引先への風評などを常に気にする。元被収容者に対する差別意識、精神疾患・障害者への差別意識は、関係者による元被収容者への支援の努力だけで拭い取れるものではなく、社会に対する働きかけが必要だからだ。

3　地域生活定着支援センターによる支援と限界

(1) 支援の状況

　全定協はホームページで定着支援センターによる支援の実績や協議会で行っているセミナー等活動内容の広報を行っている[8]。また、調査活動を行い、その結果にもとづいて国・都道府県への政策提言を進めている。

　また、定着支援センターの状況について、研究者による調査研究も試みられ、定着支援センターの現状や課題について分析が試みられている[9]。また、全定協による調査研究では、実際のケースを改変・修正した事例をもとに実践例が示されているが、ここでは統計データにもとづいて計量的に支援状況を概観したうえ、考察を進めることとしたい。なおいわゆる入口支援に関わる業務については、統計的な実績の公表が不明確だったこともあり、今回の統計データでは扱わなかったことを予め断っておく。

　定着支援センターの創設以後、2010（平成22）年から、特別調整にもとづくコーディネート業務、コーディネート後のケースに対するフォローアップ業務、および関係組織・団体・個人に対する相談支援業務の状況は図2のとおりである。なお上記3業務は、厚生労働省社会・援護局総務課長通知「地域生活定着支援センター事業及び運営に関する指針」に規定されているものである。

　各業務は、年を追うごとに増加傾向である。その要因として、まずコーディネート業務では、当初刑事施設から出所する高齢・障害者を対象とした特別調整だったものが、少年施設のある都道府県の定着支援センターでは、この出院・出所者もコーディネートの対象として加わってきたことがある。また、フォローアップ業務は、コーディネートした後の受け入れ先や対象者の支援に関する連絡調整である

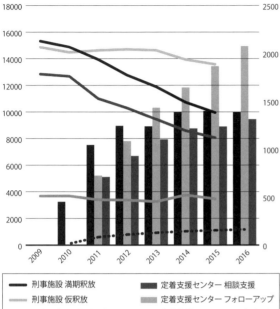

図2 地域生活定着支援センターによる支援の状況と矯正・保護統計

厚生労働省資料および全定協等をもとに筆者作成

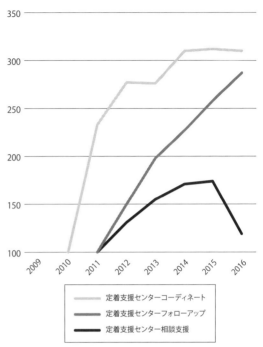

図3 地域生活定着支援センターの支援数の変化指標の推移

2010年を100とした。図2をもとに筆者作成

ため、コーディネート件数に比例して累積的に増加していると考えられ、次節で考察する。

また、触法行為のあった高齢者・障害者の事件に対するマスメディアの報道も増え、社会的関心への高まりにつながったと考えられる。これに伴い、地域生活定着促進事業に対する認知度も高まって、相談支援の件数も増加する。これには、田島班パート2で調査研究が進んだ被疑者・被告段階の高齢者や障害者への「入口支援」と、警察や弁護士からの相談、検察・裁判所等での活動が影響していることが考えられる。

(2) 定着支援センターの業務増加と負担増

これらのうち、フォローアップ業務について注目しよう。出所した被収容者に対するコーディネートは、受け皿の確保だけでなく、受け入れ先との緊密な情報交換や、地域での関係先とくに相談支援事業所や地域包括支援センターなどとの連絡調整の積み重ねで進められる。多くはスムーズに進むことはなく、当事者の意向と受け入れ・関係先とのマッチングを重ね、受け入れ先の変更が伴うことも多い（社会福祉法人南高愛隣会〔コロニー雲仙〕〔2011〕を参照）。そのため本来的に、地域生活に移行した後も、受入先・関係先・当事者との連絡調整、すなわちフォローアップが不可欠とされていたし、ソーシャルワークとしてこれを重視する意見も多い[10]。

各業務の担当数の推移は図2の通りであるが、特別調整にもとづくコーディネート業務の伸び率が鈍化しているのは、送り出し側である刑事施設や保護観察所との調整でケース数がある程度コントロールされていることが推察される。しかし、過去に対応したケースに関わるフォローアップ業務は、元被収容者や受け入れた施設・事業所等からの依頼もあり、他の業務に比べてもその増加は顕著である（図3）。フォローアップ業務の増加傾向に対する

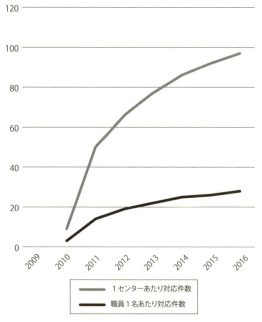

図4 職員・センターあたりの対応件数の推移

1センター常勤換算3.5名、センター数は変化なしとし、図2をもとに筆者作成

考察は次節に委ねるが、他に担えない現状にあっては、定着支援センターが引き受けざるを得ない。

しかも運営体制や予算措置は限られている中[11]では、いきおい定着支援センターおよび個々の職員への負担は高まっていく。これを図示したのが**図4**である。

(3) 地域生活定着促進事業における受け皿確保と啓発の看過

同事業が始まる前、刑事施設では、身元引き受けや帰住先のない高齢・障害被収容者に対して、分類担当を中心に釈放時保護の環境調整として、事実上刑務官がソーシャルワークを行っていた[12]。事業が始まり、更生保護施設も指定施設が設けられ、定着支援センターが開設されて特別調整が始まり、福祉的援護を通した社会復帰支援が進められてきた。しかし、釈放時保護と同様、刑事施設を出所した後の受け入れ先・身元引受人の確保は常に最も大きな課題であり続けている。したがって、

田島班の調査研究事業も、常に啓発のための事業を進め、各都道府県に定着支援センター設立を促し、かつ、各定着支援センターも関係団体との協力のもとで受け入れ先を確保してきた。いうまでもなく、受け皿確保とはこの社会復帰支援への理解を広げる啓発事業と一体のものである。

具体的な啓発事業とは、全定協によるフォローアップセミナー、定着支援センターが受け入れ先となった福祉事業所等と行うセミナー・懇談会、各種団体が行う講座・シンポジウム等での講義・発題者としての参加などである。これらを実施するために、センター職員は本来業務との兼務として引き受けている。加えて、事業を受託しセンターを設置する各団体がセンター運営への補助支出を行っているところも多いと思われる[13]。だがこれとて、都道府県担当部局は、厚生労働省の通知以外の活動ではないかとの意見を表明する[14]。しかし、啓発広報なくしてコーディネートが進められないという状況でもある。

また、これら啓発事業にせよ関係団体にせよ、多くは元被収容者を受け入れた経験のある福祉施設・事業所であり、新規に開設された事業所等へ十分広報が行われているわけではなく、センター職員や協力者が積極的に広報を進めても、その範囲もおのずと限られる。したがって、啓発事業は同事業所の職員を対象に、事業への理解を促す機能にとどまっているのが実態であると考えられる。

4 考察

(1) 社会復帰支援はクローズドシステムか？

地域生活定着促進事業が発足する前後から、矯正・保護と社会福祉の連携における課題は、双方の実践基盤における違い、組織文化の違いに加え、情報共有をめぐる態度がある。すなわち、支援対象となる被収容者に関する個人情報を保護す

るため、矯正・保護では極力秘匿するが、社会福祉では対象者の利益のため、支援協力者・団体組織と情報を共有する支援活動を行ってきた（古川2010）。だが、同事業で定着支援センターは、保護観察所の依頼にもとづき社会復帰支援を行うこととなったため、受け入れ経験があるか、受け入れが可能な関係者の範囲でのみ個人情報の運用を行うこととなった。

　この結果、定着支援センターによる社会復帰支援の啓発広報の内容は、規範的で定型的なものにならざるを得なかったと考えられ、啓発広報事業も限定的な範囲にとどまらざるを得ないことも相まって、社会福祉の分野での広い支持と理解・協力に至っていないのではないか、と筆者は考える。

　社会福祉分野の協力が広がっていないと考えられる一つの要因として、本事業が始まった時と前後し、ちょうど社会福祉士養成教育はカリキュラム改正が行われたことがあった。背景には、社会福祉基礎構造改革を経て、限定的な行政サービスでなくすべての国民を対象とした方向転換があり、社会福祉の支援に対する社会的要請が高まったことがある（古川孝順 2009）。また法務省でも、刑事施設で福祉的援護を要する被収容者の釈放時保護に社会福祉士が雇用され始めており、新カリキュラムに「更生保護制度」が新設され、現場実習に更生保護施設が加わったことがあった。職域拡大を企図する社会福祉関係者と、社会福祉との連携を望んでいた矯正・保護当局の利害一致があったことも、追い風の一つだった。だが、景気回復に伴い大学への進路指向は社会福祉を避けるようになり、社会福祉士養成課程そのものも減少した。受け皿となる福祉施設・介護施設や事業所の運営にも人手不足が生じる中では、本事業の対象者を受け入れる余裕すら失われているとも考えられる。

(2) 地域生活定着から社会参加促進への課題

　広報や啓発のもう一つの方向性は、地域社会における住民参加のネットワークである[15]。従来の更生保護では、保護司や保護観察官により非行少年等の就労・帰住先支援などが長年進められてきた。冒頭、更生保護と社会福祉におけるいわゆる地域福祉の諸活動との連携が進むことによって、元被収容者の地域生活への定着、そして地域生活にもとづくかれらの社会参加を促進することをモデル的に提示した。広報啓発の取り組みは、しかし、このような方向への広がりが十分築けぬままである。たしかに、保護司のためのサポートセンターが開設されるようになり[16]、市町村に拠点を得るようになったが、定着支援センターや地域生活定着促進事業には、市町村への足掛かりがないままなのである。

　また、保護司は、民生委員を兼ねる者も多く、社会福祉の担い手でもある。このような地域社会での協力者と定着支援センターが連携する機会はまだ十分でない。高齢者を対象とした地域包括支援センターや障害者のための相談支援事業所を含め、定着支援センターが連携すべき社会福祉の相談サービスへの働きかけには、定着支援センターの開拓の努力だけでは展開が進みがたいと考えられる[17]。

5　おわりに

　定着支援センターによる社会復帰支援が始まった時、ごく少人数であったが、触法高齢・障害者が再び犯罪をなして刑事施設に行かずに済むようになる方途が開けた。これは、それまで閉塞的だったかれらの社会的孤立に対して、有効な実践方法と枠組ができた点で意義深いものであった。けれども今日、定着支援センターがコーディネートするケース数は大幅に増加し、ひとり一人に応じたフォローアップも困難になりつつある[18]。

今後の課題は多く、とくに地域社会から協力を得るための関係構築、啓発や広報事業の意義が都道府県に理解されていないところは深刻である。とりわけ定着支援センターの運営資金の100％を国庫負担に依存している為、行政の意見や指導に左右されてしまう点も、定着支援センターの運営において足枷となってしまう。福祉行政の大半がこのような受託事業であるため、事業者による独自性を削ぎかねない[19]。したがって、課題として加えるなら、これら財源と、事業を担う人材の育成があると思われる。これらは、今後も定着支援センターの事業をささやかながら支援しつつ、学び考えていく課題としたい。なお本論執筆にあたり、大阪府地域生活定着支援センター長の山田真知子氏、厚生労働省社会・援護局総務課の熊坂氏に協力を得た。多忙にもかかわらず両氏とも快く情報提供等にご協力頂いたことを記して御礼申し上げる。

　本論は、科学研究費基盤研究(B)（課題番号26310108、研究代表者：細井洋子）による研究の成果の一部である。

［注］
1 本論では、各法制度と揃えるため障害者と漢字表記する。
2 特定非営利活動法人マザーハウスのウェブサイトを参照。
3 特定非営利活動法人配りの会ま～るのウェブサイトを参照。
4 同図は本来、各々の関係を表す線が縒り合される形である。
5 日本犯罪社会学会では、2010年第37回大会では大会シンポで「貧困と非行」、触法高齢・障害者の社会復帰支援に関するテーマセッション1、2012年第39回大会では被疑者・被告となった触法高齢・障害者への支援に関するテーマセッション1、2013年第40回大会は大会シンポで「更生保護：社会復帰支援の現状と課題」、2015年第42回大会で大会シンポは「犯罪社会学におけるリスク社会論の意義」、更生保護のテーマセッション1、2016年第43回大会では大会シンポは「刑事司法と対人援助」、地域生活定着支援センターのテーマセッション1、であった。また、日本司法福祉学会では、2011年第12回大会の分科会1、2012年第13回大会の大会シンポ、分科会2、2013年第14回大会の大会シンポおよびプレシンポ、2015年第16回大会の大会シンポ、分科会1、であった。
6 2013年呉市少女リンチ殺人事件、2015年2月川崎市少年殺人事件など。
7 本事件は、被疑者の精神鑑定などをめぐって流動中であるが、障害者を差別する言動に加え、被疑者の奇異な行動等から、措置入院・医療観察法など法制度の面で議論されがちである。だが、本質的に障害者への差別を中心とした論考も重ねられつつある。立岩・杉田(2017)を参照。
8 一般社団法人全国地域生活定着支援センター協議会ウェブサイトを参照。
9 たとえば石川・渡邊ら(2014)は、定着支援センター10か所に対する高齢の元被収容者への支援に関する事業運営を中心に調査を行っている。高石・岡林・長谷川ら(2015)は、職員へのヒアリング調査等から、センターの実践における困難性へ関心を寄せている。浜井・津島・我藤・松尾(2016)は、全センターを対象とした質問紙調査による運営・実践の困難性を検討している。
10 筆者が2009～2013年度に行ってきた定着支援センター職員へのヒアリング調査では、継続的なフォローアップを肯定的にとらえる意見、またこれを重視する支援が望ましいと考える意見が、主に相談支援歴の長い職員から多く聞かれた。
11 2013年度に厚生労働省社会・援護局は、各都道府県・政令指定都市の社会福祉担当部局宛に、地域生活定着促進事業の予算執行を減額する旨の連絡を出した。これに全国から批判があり同年度は予定通り執行された。だが次年度以降の予算は減額され現在に至っている。
12 古川(2009)を参照。
13 筆者が2009年度以降実施している定着支援センター職員へのヒアリングによる。

14 同上。少なくとも1府県の担当部局の反応とのこと。
15 Stevens, Alisa (2013) は地域社会を含めたリハビリテーションの環境ととらえるが、薬物依存により刑事処分を受けた者等を念頭に置いたもので、リハビリテーションも医学的概念として扱われている。本論の扱う対象者の場合、生活モデルとして概念理解する必要はあるが、リハビリテーションの環境という視座は有意義に思われる。また、Casey, S.ら (2013) も参照。
16 自宅での面接が難しい保護司に対し、保護観察のための支援を行う拠点である更生保護サポートセンターのこと。
17 岡林・高石ら (2015) は、定着支援センターを地域社会における司法と福祉の拠点ととらえているが、これは明らかに実態と異なっている。これは前出の更生保護サポートセンターも含め、乏しい地域社会の協力という実態からみると誤解というべきであろう。
18 Maurice (2008) は、主にprobation officerを念頭にしたテキストであるが、バーンアウトにも言及があり、ここで定着支援センターの職員が直面する状況への示唆として有効と思われる。
19 町村 (2016) は市民団体への調査をもとにこの問題を分析している。更生保護と異なるはずの定着支援センターの実践活動についても、とくに入口支援に関わらせてかれの問題提起から検討する必要がある。

[参考文献・資料・ウェブサイト]

石川正興・渡邊則芳・宍倉悠太・小西暁和・三枝功侍 (2014)「2012年度一般研究助成調査報告書 高齢出所者に対する地域生活定着支援センターの運用実態に関する研究」早稲田大学法学学術院・社会安全政策研究所 (http://www.syaanken.or.jp/wp-content/uploads/2014/01/A-01.pdf)

岡林英雄・高石豪・長谷川真司・草平武志・中野いく子 (2015)「触法高齢者、障害者の地域生活定着支援に関する一考察——地域生活定着支援センター職員へのアンケート調査から〈その1〉」日本社会福祉学会第63回秋季大会報告要旨 (http://www.jssw.jp/conf/63/pdf/)

社会福祉法人南高愛隣会(コロニー雲仙)(2011)『はじめて罪を犯した障がい者・高齢者を受け入れるために——更生保護施設・福祉事業所版(平成23年11月版)』

高石豪・岡林英雄・長谷川真司・草平武志・中野いく子 (2015)「触法高齢者、障害者の地域生活定着支援調査——その2」日本社会福祉学会第63回秋季大会報告要旨 (http://www.jssw.jp/conf/63/pdf/B34-5.pdf)

立岩真也・杉田俊作 (2017)『相模原障害者殺傷事件 優生思想とヘイトクライム』青土社

津富宏・尾山滋 (2009)「終章犯罪者の社会的包摂」、日本犯罪社会学会編 (2009)『犯罪からの社会復帰とソーシャル・インクルージョン』現代人文社、152-166頁

中島岳志 (2011)『秋葉原事件 加藤智大の軌跡』朝日新聞出版

長崎新聞社「累犯障害者問題取材班」(2013)『居場所を探して 累犯障害者たち』長崎新聞社

㈳日本社会福祉士会リーガル・ソーシャルワーク研究委員会 (2009)『刑余者の再犯防止等司法領域における社会福祉士の活動の可能性についての基礎研究事業報告書』㈳日本社会福祉士会

長谷川真司・高石豪・岡林英雄・草平武志・中野いく子 (2015)「多職種・多機関連携による触法高齢者、障害者の地域生活支援の現状と課題——A県B地域生活定着支援センターの事例から」日本社会福祉学会第63回秋季大会報告要旨 (http://www.jssw.jp/conf/63/pdf/PA-29.pdf)

浜井浩一 (2011)『実証的刑事政策論』岩波書店

浜井浩一・津島昌弘・我藤諭・松尾多英子 (2016)『地域生活定着支援センター業務に関する調査 調査報告書』科学研究費基盤研究(C)No.25380807

濱口さえこ・一與真紀子 (2017)『この街のどこかに』ホンブロック

古川孝順 (2009)『社会福祉の拡大と限定』中央法規

古川隆司 (2009)「高齢受刑者の釈放前調整におけるソーシャルワークとの連携」犯罪と非行No.160、209-223頁

古川隆司 (2010)「地域生活定着支援事業における専門職間連携——要援護性を中心に」犯罪と非行No.165、143-156頁

古川隆司 (2015)「高齢犯罪者の社会復帰支援の取り組

みの現状と課題——矯正と保護の連携を中心に」犯罪と非行No.180、55-69頁

古川隆司（2016）「認知症者による「不可抗力」の事件と障害者差別解消法の合理的配慮」、龍谷大学矯正・保護総合センター研究年報6、72-82頁

法務省法務総合研究所『犯罪白書（各年次版）』

町村敬志（2016）「「評価国家」における統治の構造」、遠藤・今田・佐藤編（2016）『社会理論の再興』ミネルヴァ書房

Casey, S., Day, A., Vess, J., Ward, T. (2013) Foundations of Rehabilitation of Offenders Rehabilitation, Routtredge

Stevens, Alisa (2013) Offender Rehabilitation and Therapeutic Community, Routledge

Vanstone, Maurice (2008) The Resettlement of Prisoners in England and Wales: learning from History and Research, in McIvor, Gill and Raynor, Peter eds.(2008) Developments in Social Work with Offenders, Jessica Kingsley Publishhers, 305-331.

厚生労働省ホームページ（http://www.mhlw.go.jp）

一般社団法人全国地域生活定着支援センター協議会ウェブサイト（http://zenteikyo.org/Index.php?FrontPage#y8f39876）

特定非営利活動法人マザーハウスウェブサイト（http://motherhouse-jp.org/）

特定非営利活動法人配りの会ま〜るウェブサイト（https://kubari.jimdo.com/）

　　　　　　　　　　　（ふるかわ・たかし）

英文要旨

Summary: Present and Future of Social Reintegration of those Who Received Criminal Punishment

Keywords: Center of community reintegration life support, Regional life consciousness promotion project, follow up, public relations and enlightenment

Takashi FURUKAWA
(Otemon Gakuin University)

Ten years have passed since who ex-prisoners that elderly and handicapped people support for social reintegration began. However, the research proposal that this support was proposed attracted less attention due to the impact and diversification of subsequent crimes.

The role and expectation of the support center has increased in 10 years. Although understandings may have increased, in reality social reintegration cooperators have not increased. I thought that many assistants would hesitate to be involved directly, even if cooperating with the reintegration of former prisoners into society.

One of the background is prejudice against criminals. And what is considered to be the cause is that even though there are institutions that provide a saucer, there are still few collaborators of the community to return to society. The future challenge will be to strengthen enlightenment and publicity to broaden our understanding and support the funds of the project.

個別研究

性加害行為のあった知的障がい者の支援のあり方
障がい者福祉の支援者の語りから

キーワード：性加害行為のあった知的障がい者、元犯罪者の変容、障がい者福祉、聞く態度、仮説検証型支援

我藤 諭 龍谷大学矯正・保護総合センター
山﨑康一郎 大阪人間科学大学
水藤昌彦 山口県立大学

1 はじめに

　近年、刑務所に知的障がいのある受刑者が多く収容されており、その刑務所への入所回数の多さから、また高齢受刑者の増加と相まって、出所後の福祉的支援の構築が社会的な課題として認識されるようになってきた（田島 2008）。その結果、2009年に「地域生活定着促進事業実施要領」が発出され、各都道府県に地域生活定着支援センターが設置されることになり、2012年3月にすべての都道府県に設置された。そして65歳以上、あるいは身体障がい、知的障がいもしくは精神障がいがあると認められる満期出所者に対して、生活環境の調整の一環として特別調整が実施され、各都道府県に設置された地域生活定着支援センターを通じて、矯正施設から社会福祉へとつなげられるようになった。司法と福祉の連携の始まりである。

　しかしながら、障がい者福祉が、非行あるいは犯罪をした知的障がい者を支援し、その生活を支えるということは容易なことではない。なぜならば、非行・犯罪行為のあった知的障がい者への専門的な支援方法は構築されていないからである（小野他 2011、独立行政法人国立重度知的障害者総合施設のぞみの園 2013）。このことは、地域生活定着支援センターの活動にも影響が及んでいる。地域生活定着支援センターで調整業務にあたる職員の多くは受入先がない等といった調整の難しさを感じており、受入先の福祉施設等を調整する際に受入先の福祉施設担当者が抵抗感を示していると回答している（浜井他 2016）。けれども、障がい者福祉が全く元犯罪者を受け入れていないかといえばそうではない。前述の特別調整によって、障がい者福祉施設をはじめとし多くの者が社会福祉施設につながるようになってきた[1]。

　ただし、性加害行為のあった知的障がい者への支援方法はほとんど議論すらなされてこなかった。そこで、性加害行為のあった知的障がい者への支援方法の議論をはじめた山﨑らは障がい者福祉事業所の支援者に対する調査を行ってきた。その結果、障がい福祉事業所の支援者は専門的知識や支援方法がないために、性加害行為のあった知的障がい者の支援を困難だと考えていることが明らかになった（山崎他 2015a）。また、性加害行為のあった知的障がい者を支援していく上で、性教育などの必要性を支援者は考えていた。しかし、性犯罪・性加害行為の理解や介入方法に関する知識やスキルを得る機会がほとんどない中で、実際に性教育が行われることは少なく、見守りを強化したりあるいは再犯しないという約束を交わしたりといった手探りで対応していることが明らかになった（山﨑他 2015b、2017）。

　では、性加害行為のあった知的障がい者に対し

て、どのような支援を展開していけばいいのだろうか。近年は、知的障がいの有無に関わらず、一般的に性犯罪や薬物依存などに対する認知行動療法が脚光を浴びて、さまざまな機関で実施されている（Marlatt,G.A., Donovan,D.M. 2005、Marshall,W.L., et. al. 2006、原田 2015）。確かに認知行動療法は重要な働きかけであるが、それだけでは向社会的役割を創造したり、地域社会に戻ったときに直面する現実の厳しい障壁を乗り越えるには不十分である（Veysey 2009、岡田 2005）。元犯罪者が意味のある生活を創造することをどのように援助できるかは不明確なままであるものの、犯罪者が立ち直るには、価値のある、新しい社会的役割の獲得と本人による新たなアイデンティティ選択が必要である。そのためには、新たな役割を支えるための新たなスキルと新たな役割を強化する人々の獲得が必要になる。そう考えると、支援する側からすると、立ち直りの支援とは、問題をなおすための支援ではなく、役割の取得を促すための支援であるといえる。そして、それは、アイデンティティ変容を引き起こす確率を上げる環境づくりであるという（Veysey 2009）。

そこで本稿では、性加害行為のあった知的障がい者に対して、地域における支援の現場でどのようなことがなされているのか、どのように支援者が関わっているのかを記述的に分析することによって、性加害行為を行った知的障がい者への支援のあり方を明らかにし、性加害行為のあった知的障がい者への今後の支援方法や支援の枠組みを構築することに資することを目的とする。

2　調査の概要

筆者らは、共同研究の一環として、知的障がい者が性加害行為に至る動機や背景要因、性加害行為から離脱するための支援やプロセスについて明らかにすることを目的に、地域の障がい福祉事業所やそこに所属する職員を中心にインタビュー調査や質問紙調査を行ってきた。

本稿では、地域で性加害行為のあった知的障がい者の生活支援等を提供している事業所の支援者1名Aさんのインタビューで得られたデータをもとに考察する。Aさんに対するインタビューはおおよそ60分程度である。分析に際して、Aさんのインタビュー事例を採用した理由は、Aさんが所属する事業所では、性加害行為のあった知的障がい者への支援は、X氏が初めてであったことと、X氏が地域生活を始めた以降性加害行為やそれにつながる行為をしていないからである。

インタビュー調査の概要は以下のとおりである。
①ケースの概要
②支援の状況：受入時の状況、支援方針、現在の生活支援や日中活動支援の内容、性加害行為に対する介入
③当事者によって行われた性加害行為に対する意識：性加害行為の動機や背景要因、認知や人間関係における特徴、再加害行為のリスク、再加害行為をしていない要因
④地域の支援者自身の性犯罪に対する意識とニーズ：性加害行為や性加害行為のあった利用者に対する意識の変化、今後の支援における課題

本インタビュー調査における倫理的配慮として、調査に先立ち、調査の趣旨、個人情報の取り扱いに当たっての配慮、調査途中で回答が中断でき、それによっていかなる不利益も生じないことなどについて書面で説明し、書面で同意を得た。また、大阪人間科学大学研究倫理委員会から承認を得た。

3 データの分析

本稿での分析対象者は、50歳代の女性のサービス管理責任者Aさんである。Aさんはサービス管理責任者であるとともに、日常的には事業所の運営、生活支援や移動支援にも携わっており、その支援経験年数は8年であった。Aさんが所属する福祉事業所が運営するグループホームSには主に一般就労をしている障がい者が入居している。X氏は、30歳代の男性で軽度の知的障がいがあり、高校卒業後から障がい福祉の支援を受けていた。しかし、幾度かストーカー行為をしてしまい、事業所Tを利用することとなる。事業所Tでは、性に関する教育を受け、X氏自身の陥りやすい思考パターン等を理解するに至る。その後、グループホームSに入居し、一般就労している。

なお、以下では、インタビューデータを引用するが、プライヴァシー保護のため、個人名や団体名は匿名化し、方言を標準語に修正している。

(1) A氏とX氏との関係性の変化

Aさんは当初X氏を受け入れることには難色を示していた。Aさんは、「何かあったらいけない」「ちょっと怖い」と思っており、グループホームSの見学に来たX氏と会ってもその印象は変わらなかった。さらに、事業所Tからの引継ぎの書類に書かれていたX氏の性加害行為に関する内容が強烈な印象をAさんに与えた。しかし、その後、X氏の受入れを調整していた別のサービス管理責任者がX氏の入居直前に退職してしまい、有資格者であったAさんが替わりに担当することになった。受入日も決まっていることから、今さら後には引けないとAさんは覚悟を決めて調整を始めた。

X氏がグループホームSに入れば、当然のことながら、グループホームの世話人たち（以下、世話人とする）とX氏は日々の生活のなかで多くのやり取りをすることになる。世話人の多くは女性であり、性加害行為のあった利用者を迎え入れるということに抵抗があることは十分に考えられた。そこでAさんは詳細までは言わないものの世話人に対して、さらっとX氏のおおまかな情報を伝え、お願いしますと一言だけ言ってその場を去ったと言う。

> ただ書面をそのまんま見せないですよ。その監督者であるサビ管（サービス管理責任者）である私がこうこうですと。だから気を付けてくださいではないけど、まぁ、それを含めて接し方には気を付けてくださいよと。勘違いするようなことがないようにって説明してます。

インタビュー時でX氏がグループホームSに入所して1年以上が経っていたが、Aさんは「困ったことはない」と言う。そして、X氏への印象は変わってきたという。

> やっぱり、一年経って本当に、あの子の、ちょっと、本当に親しみが出てきたっていう感じ。彼に対してね。でも、やっぱりとれてないですよ、どっかにありますよ、ただ勘違いするんじゃないかとかね。

さらに、AさんはX氏を連れ出して外食をするようになる。そして、その場で、X氏の将来の生活設計について話をしている。X氏はグループホームSに入居する際には事業所Tの支援員から「5、10年経ったらグループホームを出て、一人暮らしに移行していかなければならないよ」というふうに言われていたそうである。しかし、Aさんはこの点について異なる見解を持っていた。

> やっぱり一人で暮らしていたら、良からぬことを考える元だと。だから、あんたが卒業す

るときは誰かと同棲でもなんでもいいから、彼女ができて結婚するとか、同棲するとかいうタイミングを見計らって出たらどうって言ったときに、もう、ほぉっと、なんていうの、こう安心した顔をしたんです。だから、何かしらどこかで思っていたのでしょうね。一人で暮らさないといけない、出なければいけない、ここにいたら費用が安いけど、いずれ出ていかなければならないところみたいな。

　Aさんは、一人暮らしは「良からぬことを考える元」であるから、グループホームを出るときは誰かと暮らすようになるときだとX氏に提案している。すると、X氏は「安心した顔」になったという。つまり、地域生活を送る上で、性加害行為に至らない新しい生活を築く上で、ルールを守り続けて就労もしながら努力を積み重ねてきたX氏にとって、一人暮らしということはいつの間にか目標ではなく果たさなければならない使命になっていたかもしれない。しかし、その使命となってしまっていたものをAさんがかけた言葉で外してもらえることでより安定した生活を送ることができるようになったと考えられる。

⑵　グループホームSでのX氏の生活と支援者のかかわり

　X氏はグループホームSに入所当初から一般就労をしており週5日の勤務をしている。その働きぶりは非常に一生懸命であったようで、周りが見えていないのではないかと思うくらいだった。ただ、しばらくすると、X氏は一生懸命に働き続けても、障がいがあるということで給料が上がらないことに悩みだしたという。しかし、その後、職場で単純な仕事だけではなく徐々に任せてもらえる仕事内容が増えていったことで、再び仕事に打ち込めるようになった。Aさんは、次のように仕事のメリハリや変化が良かったという。

ちょっとずつ仕事が増えると、もう夜、大喜びで帰ってくる。仕事の面でも、一生懸命真面目にする子です。（X氏は給与面での悩みに）ぶつかったりはしたけど、やっぱり、そのちょっとした変化をこう面白がってやっている。楽しいみたいな。その仕事のメリハリを職場の方が、仕事の変化を与えてくれたことがよかったのだと思います。仕事面ではこういうふうにぶつかったりなんかいろいろありましたが、今は順調にきています。

　また、グループホームSの世話人は70歳代の方々であり、まるで孫に接するかのように入居者に優しく接してくれているそうである。そして、X氏の仕事内容が増えてきことや仕事を続けて給料をもらえていることなどをX氏にいいことだと積極的に伝えている。

できるだけまめに世話人の人も話かけているし、とにかくその給料、持って帰ってきて、額面みたら13万円だったかな。前は11万円だったので、いやぁ、増えているじゃないって言って、おおげさに喜んだりとかしたりね。ちょっとそういう対応は心掛けているつもりです。本人はにたにたと笑っていましたけどね。

　このように仕事に熱心に打ち込んでいるX氏の姿を見逃さずに、Aさんやグループホームの世話人がかかわることで、X氏が仕事を継続できていると考えられる。

　X氏は週2回ある休日のうち1日はガイドヘルパーを利用して外出することにしている。しかし、さまざまな規制があった事業所Tからグループホームsに移って半年経ったころ、ガイドヘルパーの利用をやめると言い出した。Aさんによれば、さまざ

まな規制がなくなっていき、精神的にもゆるんできたのではないかと言う。そして、X氏がガイドヘルパーを止めるのは、利用して外出するとお金がかかってしまうが、Aさんをはじめスタッフと出かければお金がかからないということが理由らしかった。ただ、X氏には地域生活を送るにあたって、外出時にヘルパーを使うことなどいくつか事業所Tから提案されている支援内容やルールがあった。しかし、X氏は、相談もなくそのルールの一つを変えようとしていたのである。

　　ガイドヘルパーを使いませんと。その理由を聞いたら、お金を使うのは嫌だとか、なんか私（Aさん）と一緒に出掛けるとお金がかからないと。まぁ、時々出かけるとご飯とか食べさせるでしょ。そういう部分で、楽したいっていう感覚でね。あの子ケチだから、もう本当にケチなんで。そういう感覚でガイドヘルパーを断って、私らみたいな人と一緒に出かけるという考え方が見えてきたんですちょっと。

　このとき、Aさんは、X氏になぜ勝手に決めてしまうのかと叱ったそうである。それは、グループホームで生活するルールとして、X氏は何か決めたり困ったりした際には支援者に相談することを約束していたからである。自分勝手に物事を決めてしまうことが性加害行為に直結するわけではない。しかし、これまでの状況を考えると、X氏が自分勝手にさまざまなことを決めてしまい、支援者との関係が希薄になり、その結果、性加害行為に至っていた。そのため、物事を勝手に決めてしまうことは性加害行為につながる一歩になると考えられている。その後、Aさんは事業所Tの担当者Bさんと連絡を取り合い、BさんからX氏に話をしてもらったことで、X氏は相談するという約束を再確認し、精神的にも安定し、この出来事は収束していくことになる。Aさんはこの出来事から、X氏にはまだすべて自由に決めてもらうのではなくある程度のルールというのは必要ではないかと考えるようになった。

　相談を受ける側のAさんは、事業所Tからの引継ぎの取り組みである「一週間の振り返り」を担当している。Aさんはその「一週間の振り返り」は役に立っていると言う。そこではX氏が一週間にあった出来事等をAさんといっしょに検討するというものである。その場は、基本的にはX氏がしゃべり続ける場となっている。Aさんに言わせると、「基本的には向こうが喋ってることを黙って、ふーん、ふーんって聞いてるだけ」だそうだ。そして、この「一週間の振り返り」の場だけではなく、X氏は日々やってくるグループホームの世話人にもしゃべり続けているようである。

　　例えば、カウンターがあってですね、台所があって背中向けて、こう料理してるでしょ。背中に喋ってますもん。こうなってね、こんなんでねと。時々、それに、あっそうって。

　世話人からすれば、日々そのように話しかけられることはなかなか大変なことである。しかし、Aさんはそれを制止していないという。その理由を次のように語る。

　　それが発散になっているのでしょうね。職場ではマスクして帽子かぶって、誰とも話さないでしょ。ここみたいに。でも、私は常に言うんですよ、世話人さんに。あの子、こう一日中マスクして誰とも喋っていないから、目だけ出てるから。帰ってきたらできるだけ、返事だけでもいいからしてと。やっぱり誰かに話を聞いてもらったら安心するでしょ、っていう感じで言ってるんでね。

Aさんは、一週間ごとの振り返りだけではなく、日々の生活のなかでX氏の話を聞くことに重点を置いていることがわかる。ただ、ここでの聞くというのは、一般的な精神医療や心理臨床の場で言われているような傾聴といったこととは趣が異なる。心理臨床あるいは相談援助の場面では、傾聴は相手に寄り添いながら共感的に聴くこととされるが、Aさんも世話人も精神医療や臨床心理の専門家ではない。どちらかといえば、寄り添いながら共感的に聞くというよりも、聞き流すというふうなものとして理解したほうがいいだろう。ただ、単に聞き流しているのでは、話者も話しかけることをやめてしまうかもしれない。しかし、相槌など何かの応答があることで、話者には自ら発した言葉が受け止められている感覚が生まれているのではないだろうか。X氏の話しかけに対するAさんや世話人の態度はこのように考えられる。

(3) X氏が性加害行為に至った原因分析

　AさんがX氏に積極的に関わるのには、Aさんのもともとの支援の姿勢もあるが、Aさんが見立てているX氏が性加害行為に至る要因も影響していると考えられる。X氏の話し相手が誰もいなくなる一人暮らしになると、X氏が地域のなかで性加害行為をせずに生活することを維持するのは難しいのではないかとAさんは考えているのではないだろうか。Aさんは、X氏の支援に関わらず、グループホームを運営するに当たって、衣食住が整っていることと周りに人がいることを大事にしているという。

　　やっぱり食べるものと、住むところと、衣食住。着るものとかね。その他の周りの人がいるということで、安心しますでしょ、やっぱり人間って。帰ったらおいしい食べもの、おいしいかどうかわかりませんよ。おいしいだろうなって、お風呂があって、ゆっくり寝られる部屋があると。それが、あるとやっぱり安定してくると私は思っています。

　また、AさんはX氏が性加害行為に至った理由を次のように語る。

　　寂しかったんじゃないかな。うーん。生活環境がよくなかったでしょ。どちらかというと私がガツンと怒ったらね、しゅんとなる子なのでね。まぁ、家庭の中でそんなふうに怒られたこともなければ、止められたりもなかったのかなぁとかね。だから、その寂しかったのかな。その寂しさが歪んでしまったかなって思うんですけどね、なんとなく、あの子見てて。だから、そういう温かいところとか、温かい彼女、温かい奥さんがいたら、まぁ問題なくこれたのかもしれないし。

　Aさんは、X氏が性加害行為に至った理由として寂しさを挙げている。このこと自体は、ある意味一般的な見解かもしれないが、それに対して、現在は温かい場（グループホームS）があるから性加害行為が止まっているのではないかと考えている。このように考えるのは、前述のAさんの支援というものに対する考え方の表れであろう。しかし、Aさんはそれだけで十分とも考えていない。いつかX氏にとって次のステージに行く時期がやってくることを想定しながら支援をしていると次のように語る。

　　慣れてきて、衣食住も安定して、喋る相手もいる。それが、仕事にも変化も出て、ちょっとやる気満々みたいなことで、すべてがうまくいってるときだから。でも、これ、いつまで続くかなというような感じの観察はしてます。だから、どっかで何かもの足りないなって時期がくるでしょ。いつかどうかわかんないですけど、

まぁ、できるだけまめに世話人の人も話しかけてるし……（中略）……できるだけその私どもの生活の中でも変化があるように、またその変化を楽しみになるような形の考えてはいますけどね。

　Aさんは、自身が考える支援のあり方から、性加害行為に至った理由やそれに対する支援のあり方を検討している。しかしながら、それだけで十分であるとは結論づけずに、自分たちの支援やX氏の現在の環境に限界があることや、さらにその限界をどのように乗り越えていけるのかをいい意味での挑戦と捉えていることがわかる。このような姿勢が性加害行為のあった知的障がい者を支援し続けられる要因となっている可能性がある。

(4) 地域での支援ネットワークのありかた

　グループホームSにX氏が入居する際、事業所Tからいくつかの引継ぎ事項と継続する支援があった。そのなかで、事業所Tとの相談体制がとられていた。X氏のグループホームSへの入居前後では各支援内容についての勉強会が開かれたりしていたが、入居後にAさんが困ったら事業所Tの担当者Bさんに連絡を取るということになっていた。

　また、X氏のほうも、これまでの経過から誰にも相談せずに決めてしまった結果、問題を抱えてしまい、どうしようもできずに問題行動に至っていたので、X氏からの相談もBさんが受けていた。そして、Bさんだけではなく、仕事のことは障害者就業・生活支援センターの相談員に相談するといった、X氏のさまざまな相談先を設定することで支援体制をつくっていた。

　このような相談体制があることで、グループホームSでの支援が可能となった側面は大きい。しかし、X氏がBさんにずっと連絡を入れていることにAさんは疑問に感じていた。

（Bさんと連絡を取り続けることは）果たしていいことなのかなとか、いつになったら切れるのだろうこの子と、どこに決定権があるのだろうということになってくるわけですよ。

　X氏にとって、事業所Tは実家のような感じでもあり、相談すること自体が問題ではないとAさんは言う。また、Aさん自身、Bさんの支援をありがたいと思っているし、実際に助かっているとも言う。しかし、X氏の将来の生活を考えると不安になるそうである。

本当に助かっている部分いっぱいあるんですけど、いつまでBさんとつながるのかなぁ、いずれあの子の将来のこと考えると、どこかにあの子も私に聞いてOKなことと、BさんのOKと全然違うことが発生したら、あの子、迷うよなとちょっと懸念してしまいますね。

　X氏には重層的な相談支援体制があるようにもみえるが、支援内容の決定や、X氏と誰が何をどのように決めていくのか、それをどのようにスライドさせていくのかといったことまで明確に決めていく必要性があるのかもしれない。ただ、それは大きな変更というわけでもないが、日常の生活の1コマに関わることであるからこそ重要なのであろう。

　Aさんは単に事業所TやBさんが描いたX氏の地域生活の支援をそのまま行っているわけではなく、支援者としてどのようにX氏の地域生活を作りあげていくのかを迷いながら支援を続けていることがみえる。

4　考察とまとめ

　本稿では、性加害行為のあった知的障がい者X

氏を初めて受け入れたAさんのインタビューデータを、X氏との関係性の変化、入居してきたX氏の生活と支援者のかかわり、X氏の性加害行為に至った原因の分析、地域での支援ネットワークのありかたについて分析をおこなった。

(1) 仮説検証型支援

Aさんは当初、X氏をグループホームに受け入れることには難色を示していたが、受入後は生活支援の体制を整えていく。X氏に対して、ルールを守ることなどを強く説明することもあるが、日々の生活のなかのX氏の変化を丁寧に捉えていた。さらには、X氏の目標であった一人暮らしについても具体的な道筋を提案していた。そして、現状の支援体制の問題点をどのように改善していくのかも検討していた。

このようなAさんのX氏に対する支援をみると、単に以前の事業所からの情報や支援提供内容をそのまま使うのではなく、それらの支援を展開しつつもその時点ごとに応じた分析のやり直しがなされている。図1は、罪を犯した障がい者を支援する際に見られる支援展開のサイクル模式図である（我藤2016）。Aさんは、無意識的かもしれないが、X氏とのやりとりを重ねる中で、この図1に示したようなサイクルをたどるように、X氏がなぜ性加害行為にいたったのかという問を立て、それを実際の支援に反映させていき、さらに次の段階（問を立て直す）を考えていることも伺えた。この支援展開図で、重要なのは模式図の上部にある「問を立てる」ということである。さまざまな分野でアセスメントということが盛んに言われているが、分野が異なると、アセスメントの内容や手法もさまざまである。この図1のサイクルは、利用者のニーズを把握し、生活環境などの情報を収集・分析し、支援を行うというソーシャルワークの展開と共通する部分もあるが、大きな違いは支援者が問を自ら立てることを援助の

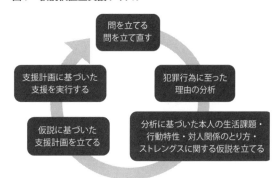

図1　仮説検証型支援サイクル

スタートとし、問に対する仮説を生成しているところにある。そして、あくまでも仮説であることが大事である。どれだけ情報を集めたとしても、利用者との信頼関係が構築できたとしても、問に対する完全な答えはないし、利用者自身もその答えを持ち合わせているかどうかわからないし、正しいかどうかもわからない。そうした意味で、支援する側が分析して判断した仮説でしかないのである。

Aさんが挙げた、X氏の性加害行為の理由の「寂しさ」というのも一つの仮説に過ぎない。しかし、Aさんはその仮説に基づいて、Aさんたちのグループホームのあり方である「衣食住が整っていて、誰か話す相手がいる」という支援がX氏の支援と合っていると考えて、X氏がグループホームを卒業するのは誰かと暮らすときでいいとの提案を行っている。その結果、X氏はAさんの思っていた以上の安心感を示したのである。しかし、その仮説でも説明できないような段階、X氏が現状では満足できない事態が訪れることを想定していることもAさんの語りからみることができた。鷲田（2015: 58）によれば、「現場」というものは複数の主体が共時的な相互接触へとさらされる場所であるという。ここでいう、共時的というのはたまたま同じ場所に居合わせることではなく、おなじ時間のなかでたがいに絡みあって活動している状態を意味する。本稿の文脈に置き換えていえば、地域の支援者と当事者が性加害行為に至らずに地域生活を送るということを同

じ時間と場所、経験の中で互いに絡みあいながら活動しているということになる。このことがAさんの語りには表れており、支援の見立てや展開が、X氏が再加害に至らずに地域社会のなかで生活できていることにつながるのであろう。

(2) 支援者たちの「聞く姿勢」

では、その支援の見立てや展開を可能にしているのは、何であろうか。AさんやグループホームSの世話人が、X氏の状態を把握し、また関係性を構築していく契機となっているのが、「一週間の振り返り」場面や日々のX氏のおしゃべりの場面でのAさんたちの聞く姿勢にあると考える。

Aさんや世話人の聞く姿勢というのは傾聴と言われるようなものではない。傾聴のような専門性のあるものではなく、どちらかといえば、日常のなかでのやりとりであり、聞くということに重心を置いたものである。それなりに聞きながらそれなりの応答をするという、聞き流すといったようなものである。すべての言葉をきちんと受け止め、一言一言に対応されるとかえって胸が詰まってしまうことがある。聞いているほうもきちんと受けとめてしまえば、聞いている側ももたない（鷲田 2015: 77）。そんなことをしてしまえば、Aさんたち支援者もX氏ももたなくなる。X氏が話すというのは、聞いている者を喜ばすような話ではなく、どちらかというと他者の意を汲み取らないような一方通行的な話し方のようである。これが時間的にも空間的にも限られた相談場面であれば傾聴することも可能かもしれない。しかし、Aさんたち支援者は、時間的にも空間的にも限られていない生活の場でそのような話を聞くことになる。それを徒労だと言って無下に扱うこともなく対応している。そのことが、X氏が日常生活の中で自分の言葉を受け止めてもらえる経験を積み重ねて、不安を解消したり気がまぎれたりして、また他者とのつながりを実感できる場となっている可能性は十分にある[2]。

そして、AさんはX氏が毎日世話人に話すことを制止せず、世話人には帰宅後などのX氏の話を聞いてもらえるようにお願いをしている。Aさんは、「何もしゃべらず部屋に引き込まれるよりはましかな」と言う。これは、子どもが学校から帰宅して、その日学校であったことを保護者に一生懸命に話すことによく似ている。保護者は時には向き合って話を聞くこともあろうが、多くは家事をしながら、新聞を読みながら、子どもの話に耳を傾けて相槌を打つ。子どもは保護者に話を聞いてもらう経験を積み重ねながら、自らが承認されている感覚や他者に対する信頼感を育んでいく。ほとんどの保護者は専門家ではないが、子どもにとってかけがえのない場所と時間を提供しているのである。Aさんたち支援者は、このようなスタイルでX氏の話を聞くという姿勢をつくっており、このような場面はX氏の愛着形成の場面だとも考えられる[3]。ここで重要なことは、それ以前にAさんたち支援者がX氏の話を聞くという姿勢をとっていることである。鷲田（2015: 67）は、話す「だれか」と話しかけられる「だれか」との関係において、そのつどの現実の会話では、その「だれか」がだれであるかは、それぞれの「だれか」にとって決定的な意味をもつといってよいと述べている。X氏の「だれか」というのは、Aさんや世話人が日々の生活の中で重要な「だれか」になっているにちがいない。

(3) 支援者たちが「受けとめる体制」

支援者一人ひとりの聞く姿勢に加えて、支援者たちが、無意識的になのかもしれないが、共有しているこの場の体制があると考えられる。岡（2013: 71-82）は自殺率の極めて低い地域を調査してその要因をまとめているのだが、自殺予防因子の一つとして「病は市に出せ」ということを挙げている。これはその地域の先達が言い習わしていた格言であ

る。その意味は、病とは単に病気のことだけではなく、家庭内のトラブルや仕事の問題など生活上のあらゆる問題のことであり、それを市、つまり公共の場、周りの人々に早めに開示せよ、そうすれば、周りの人々がなにかしらの対処方法を教えてくれるということである。しかし、悩みがあったら相談しろといくら言っても、聞く側にそれを受けとめようとする態度が感じられなければ、相談などするはずもない。岡は、「病は市に出せ」という言葉にはそれを可能にしているコミュニティの要素があるという。それは、コミュニティの人々の排他的傾向が希薄でありいろいろな人がいたほうがいいと考えていること、人と人とのつながりがゆるやかで人への評価が固定化しないことである。そして、失敗しても挽回のチャンスがあると思え、やり直しができると信じられることが援助希求を後押しするという（岡2013：121-124）。

　X氏が居住しAさんたちが支援している場はグループホームではあるが、小さなコミュニティでもある。そのなかで、X氏が抱え込んでしまわないように、病＝X氏の悩み等を、市＝支援者に対して出せるような環境をつくっているのである。つまり、Aさんたち支援者は、仕事をはじめとしX氏のことに関心を持っていることを示し、日々X氏がずっとしゃべっていることをそれなりに聞きつづける。時にはX氏が身勝手な判断や行動をしても、そのことを注意こそするものの、X氏への関わり方が変わるわけではなかった。このようなAさんたち支援者の受けとめる体制が、X氏が再び性加害行為に至らずに地域生活を送れていることにつながっていると考えられる。

5　おわりに

　以上、Aさんのインタビューデータから、性加害行為のあった知的障がい者が地域社会のなかで生活していけるように次のようなことが展開されていた。支援者がそれまでの情報を鵜呑みにするだけではなく、自らの支援の中で、問を立て仮説を導き、それに基づいた支援を行い、また問を立てていくという仮説検証型支援のサイクルが行われていた。そして、それを可能にしているのが、被支援者が安心して生活できるような物理的、人的環境をつくり、さらにそのなかで支援者が聞く姿勢・体制をもっていることであった。

　ただ、本稿で取り扱ったのは1事例にとどまり、上記のような支援内容を一般化することはできない。今後は、検討事例を増やして、またより深い分析を行い、性加害行為のあった知的障がい者が地域社会のなかで生活していけるよう「変容」するためにどのような支援がなされているのか十全に記述していくことが今後の課題である。

付記
　本研究はJSPS科研費15K21529、JSPS科研費17K04283の助成を受けたものである。

［注］
1　平成28年度犯罪白書によれば、平成27年に生活環境の調整を開始した受刑者は、4万4829人であった。27年度における特別調整が終結した人員（少年を含む）は730人であり、その内訳（重複計上による）は、高齢者389人、知的障がい者214人、精神障がい者196人、身体障がい者107人であった。また、特別調整の結果、福祉施設等につながった人員は479人であり、その主な内訳は、民間住宅（83人）、障害者入所施設（77人）、医療機関（53人）、保護施設（53人）、介護保険施設（23人）などであった。
2　平成27年度版犯罪白書の性犯罪に関する特別調査よれば、出所受刑者のうち性犯罪再犯ありの者となしの者の性格特性を比較して、性犯罪再犯ありの者は自信欠如傾向、抑うつ傾向、偏狭傾向がなしの者よりも得点が高かったことを報告している。
3　遠藤（2017）によれば、特に、子どもが不安などのネ

ガティヴな情動を抱いているときに、特定他者にシンプルにアタッチし、安全の感覚を取り戻すことがアタッチメント（愛着）であるという。そして、その経験を積み上げるなかで、その特定他者たる大人は、子どもにとってかけがえのない「安全の基地」及び「確実な避難所」となるという。

［参考文献］

独立行政法人国立重度知的障害者総合施設のぞみの園（2013）『福祉の支援を必要とする矯正施設等を退所した者の地域生活支援に関する調査研究報告書』

遠藤利彦（2017）「乳幼児期における"care"と"education"の表裏一体性」『発達』150、2頁、ミネルヴァ書房

藤岡淳子（2006）『性暴力の理解と治療教育』誠信書房

我藤諭（2016）「支援実態調査」の結果について　日本犯罪社会学会第43回大会テーマセッション「地域生活定着支援事業の現状と課題――地域生活定着支援センターに対する調査結果から見えてきたもの」報告

浜井浩一、津島昌弘、我藤諭、松尾多英子（2016）地域生活定着視線センター業務に関する調査報告書

平井秀幸（2016）「犯罪・非行からの「立ち直り」を再考する――「立ち直り」の社会モデルをめざして」『罪と罰』53(3)、70-88頁

Hutchinson, J., Lovell, A., & Mason, T. (2012) Managing risk: a qualitative study of community-based professionals working with learning-disabled sex offenders Journal of Psychiatric and Mental Health Nursing, 19, 53–61

井上照美、岡田進一（2007）「知的障害者入所更生施設の歴史的課題の検討――知的障害者の「地域移行」に焦点を当てて」『生活科学研究誌』6、1-15頁

Laws,D.R., Ward,T. (2011) Desistance from Sex Offending:Alternatives to Throwing Away the Keys, The Guilford Press（＝津富宏・山本麻奈監訳〔2014〕『性犯罪からの離脱』日本評論社）

Lindsay,W.R., Michie,A.M.(2013) Individuals With Developmental Delay and Problematic Sexual Behaviors, Current Psychiatry Reports 15, 350-355

Marlatt,G.A., Donovan,D.M.（2005）RELAPSE PREVENTION:Maintenance Strategies in the Treatment of Addictive Behaviors（2nd Edition）, The Guilford Press（＝原田隆之訳〔2011〕『リラプス・プリベンション――依存症の新しい治療』日本評論社）

Marshall,W.L., Fernandez,Y., Marshall,L. and Serran, G.（2006）SEXUAL OFFENDER TREATMENT: Controversial Issues , John Wiley & Sons Ltd （＝小林万洋・門本泉監訳〔2010〕『性犯罪者の治療と処遇』日本評論社）

Maruna,S.(2001)Making Good: How Ex-Convicts Reform and Rebuild Their Lives（＝津富宏・河野荘子監訳〔2013〕『犯罪からの離脱と「人生のやり直し」』明石書店）

岡壇（2013）『生き心地の良い町――この自殺率の低さには理由がある』講談社

岡田尊司（2005）『悲しみの子どもたち』集英社新書

水藤昌彦（2014）「知的障害のある性暴力行為者への治療的対応」『山口県立大学社会福祉学部紀要』20、65-77頁

小野隆一・木下大生・水藤昌彦（2011）「福祉の支援を必要とする矯正施設等を退所した知的障害者等の地域生活移行を支援する職員のための研修プログラム開発に関する調査研究（その1）」『国立重度知的障害者総合施設のぞみの園紀要』4、1-14頁

竹内敏晴（1975）『ことばが劈かれるとき』思想の科学社

田島良昭（研究代表者）（2008）『罪を犯した障がい者の地域生活支援に関する研究（2006年～2008年）』厚生労働科学研究報告書

Veysey, B. M., Christia, J.（2009）Moments of Transformation: Narratives of Recovery and Identity Change　犯罪社会学研究Vol. 34、7-31頁（＝上田光明翻訳、津富宏監訳〔2011〕「変容の瞬間――リカバリーとアイデンティティ変容のナラティヴ」日本犯罪社会学会編『犯罪者の立ち直りと犯罪者処遇のパラダイムシフト』11-40頁、現代人文社）

Veysey, B. M.（2008）RETHINKING REENTRY　The Criminologist　Vol. 33, #3 May/June　P1-5

鷲田清一（2015）『「聴く」ことの力――臨床哲学試論』筑摩書房

Ward,T., Gannon,T.A.(2006) Rehabilitation, etiology,

and self-regulation : The comprehensive good lives model of treatment for sexual offenders, Aggression And Violent Behavior, 11(1), 77-94

山﨑康一郎・我藤諭・水藤昌彦（2017a）「性加害行為のあった知的障がい者への支援上の課題と研修について　障がい福祉事業所の支援者へのアンケート調査より」『龍谷大学 矯正・保護総合センター研究年報』6、118-131頁

山﨑康一郎（2017b）『性暴力加害行為のある知的障害者への心理教育と福祉による地域生活支援に関する研究（平成27～28年度研究報告書）』科学研究費助成研究報告書

山﨑康一郎・我藤諭・水藤昌彦（2016）「性加害行為のある知的障がい者に対する支援者の意識と今後の支援方法に関する一考察──障がい福祉領域における支援者への意識調査より」『司法福祉学研究』第16巻、12-34頁

山﨑康一郎・我藤諭・水藤昌彦（2015a）「性加害行為のある知的障がい者への支援に関する調査──福祉と心理教育による支援の状況と課題」『龍谷大学 矯正・保護総合センター研究年報』4、77-94頁

山﨑康一郎（2015b）『性暴力加害行為のある知的障害者への支援に関する研究（平成25～26年度研究報告書）』科学研究費助成研究報告書

山﨑康一郎・我藤諭・水藤昌彦（2015c）「性加害行為のある知的障がい者への支援の展開過程について──支援経験者へのインタビュー調査より」『龍谷大学 矯正・保護総合センター研究年報』5、94-106頁

（がとう・さとし＝やまさき・こういちろう＝みずとう・まさひこ）

英文要旨

Summary: How Do Disability Support Workers Support Sexual Offenders with Intellectual Disability?

Keywords: Sexual offenders with intellectual disability, transformation of ex-offenders, disability support, attitude of hearing, hypothesis testing support

Satoshi GATO
(Ryukoku University Corrections and Rehabilitation Center)
Koichiro YAMASAKI
(Osaka University of Humans Sciences)
Masahiko MIZUTO
(Yamaguchi Prefectural University)

Recently, Cognitive Behavior Therapy (CBT) has been in the spotlight in the treatment of sexual offenders with intellectual disability. It is important that CBT changes the way of offenders' thought and behaviors. However CBT alone is not sufficient that ex-offenders can't overcome the real barriers they face in the community. The most of people with intellectual disability and sex offending background are supported by community-based professionals without special knowledge and qualifications. This relates to the availability of disability community service for people with intellectual disability being successfully adapted to prevent re-offending behavior. But it is unknown how sexual offenders with intellectual disability reentry community. Therefore, we argue how the disability support workers support sexual offenders with intellectual disability in the community. We analyze interview data of a disability support worker supporting people with intellectual disability and sex offending background. Thereby, we acquire that the disability support worker (1) develops hypothesis testing support on her own judgment, and (2) adjusts other support workers to hearing her client in their own way.

個別研究

多文化共生社会へのアプローチ
滞日インドネシア・ムスリム女性のライフヒストリーから

キーワード：ムスリム女性、子育て、社会的包摂

野村佳絵子　龍谷大学矯正・保護研究センター嘱託研究員

1　はじめに
　——ムスリムが「隣人」になるまで

「小学校での眼の検査にひっかかり、眼科を受診するように言われたのですが、どこへ行ったらよいのでしょうか？」

「今日の幼稚園は、お弁当持ちですか？」

「宅急便に再配達を依頼したいのですが、電話のかけ方がわからないから、かけていただけませんか？」

電話の向こうの相手は、物静かな口調のムスリム[1]女性である。2015年以降、筆者は子どもの幼稚園入学をきっかけに、こういった内容の質問や依頼を受けることが日常になった。彼女たちには幼い子どもがおり、本人あるいは配偶者が留学生という身分であった。ムスリム女性は、次のムスリム女性を呼ぶ。次々とムスリム女性の「隣人」ができていった。「大学に相談窓口はないのだろうか」、「市役所の国際交流センターは何をしているのだろうか」と、文句を言いたい事柄にもしばしば遭遇したが、文句を言ったところで誰かがお弁当を作ってくれるわけではない。ムスリム女性にも筆者にも、待ったなしの対応が迫られた。「すみません」、「ごめんなさい」。彼女たちは覚えたての日本語を申し訳なさそうに繰り返す。

「国際化」「多文化共生」を今ここで説くには筆者の力量をはるかに超える。しかしたとえば、京都の伏見稲荷大社に行くための奈良線が外国人で満杯だとか、デパートで中国語や韓国語のアナウンスが流れるようになったとか、道を歩いていたらヒジャブを被る女性とすれ違ったぐらいでは、「国際化」は感じられても、なかなか「共存・共生」概念まではたどり着かない。筆者もその一人であった。

法務省「在留外国人統計」によると、2016年末時点、在留外国人は238万2,822人と過去最高を記録した。うち、子どもは25万8,605人で総数の11％を占める[2]。彼らはしばしば日本人の子どもよりも困難の多い生活を強いられる。国籍による差別などあってはならない。彼らの保護者である親もまた然りである。

文部科学省「日本語指導が必要な児童生徒の受入状況等に関する調査（平成28年度）」によると、2016年5月時点で、日常会話や授業を理解するための日本語の力が足りず、特別指導が必要な外国籍の子どもは全国の公立小中高校などで3万4,335人、日本国籍の子どもでは9,612人、いずれも過去最多となった。現場では、子どものみならず保護者にも適切な支援を行っていく必要が叫ばれ、さまざまな取り組みが行われている[3]。しかし先の調査において、日本語指導が必要な外国籍および日本籍の子どもの人数を1校当たりでみると、5人

未満の学校が全体の約4分の3から9割近くを占めている。そのため、特別指導をせずとも、現場の教員が個別に対応できると判断している（されている）様子もうかがえる。そもそも、調査対象の土台にすら乗らない「不就学状態の子どもが1割はいる」という推計もある（荒牧ほか編 2017: 5、殿村 2008: 36）。

ムスリム女性との出会いは偶然であったが、その後、互いに関係を構築し共同作業に取り組むことによって、必然的に彼女たちの生き様を目の当たりにするようになった。にわか勉強で「現在、日本国内のムスリムの子どもの数は増加傾向にあり、彼らと保護者は教育問題を抱えているにもかかわらず、ムスリムを扱った研究蓄積はまだ少ない」（丸山 2007: 166）や、「在日外国人母の母国と日本の文化の違いに伴う、妊娠、出産および育児に生じる困難やその困難に対する援助に焦点を当てた研究はない」（鶴岡 2008: 115）ことも知った。そこで、ムスリム女性の子育てに焦点を当てた研究に取り組む必要があると思うようになった。

本稿の目的は、ムスリム女性たちのライフヒストリーを聞き取り、彼女たちの子育てを背景にした、日常生活の一端を描き出すことである。そして、日本社会・文化の中で生活していると「あまり関係がない[4]」ように思われているムスリム社会や文化を知るための事前準備（デモンストレーション）としたい。「多文化共生社会」とは壮大なテーマであるが、まずは隣に住むムスリムに対して、われわれ一人ひとりに何ができるのかを一考する機会として本稿を提供し、次に続くムスリム女性への一助としたい。

2　概略

(1)　ムスリム女性によるインドネシアの紹介

筆者の隣人になったムスリム女性たちは、皆インドネシア人であった。

中国、インド、アメリカに次いで、世界第4位の2.55億人という人口を抱える経済成長著しいインドネシア。世界の主要な新興国の中で、その経済の堅調さが際立った国である。外務省のホームページによると、主要新興国の中において、2000年以降経済成長率が一度もマイナスになっていないのはインドネシアだけであり、2005年以降の経済成長率は、2009年をのぞき、5％後半〜6％台という高い成長率を達成している。人口の約半数が30歳以下という、エネルギーに満ちあふれた若い国である。

日本との関係をみてみると、日本は長年にわたりインドネシアに対する最大の政府開発援助（ODA）供与国である。過去40年以上、インドネシアの発展を実現するために、必要な資金や技術を提供し、また災害被害を受けた人たちを救済するための支援など、さまざまな形で援助を行っている。2007年には日イ経済連携協定が結ばれた。この協定に基づき、看護師および介護福祉士の候補者としてインドネシア人が来日したことは記憶に新しい。国家試験が難しい、難関の試験に合格しても日本に定着できていないなど、多くの課題を抱えているとはいえ、両国間は、経済上の相互依存関係を背景に、近年一層緊密化している[5]。

以上をはじめ、部分的には知っているとも言えるインドネシア。では、インドネシア人が日本人に自国を紹介するとき、どんなふうに紹介するのだろうか。本稿に登場するEさんが行ったプレゼンテーションの内容を一部紹介したい[6]。

1949年にオランダから独立を果たしたインドネシアは、日本の国土の約5倍を有し、約13,500の島々からなる。南北には赤道を挟み、東西はアメリカの東西両海岸の距離に匹敵するほど長い。熱帯性気候のため乾季と雨季のふたつの季節がある。公用語はインドネシア語であるが、500以上の言語が話されている。「多くの島があること、多くの言語が話

されていること」をEさんは強調した。

　中でも、物腰柔らかな口調でEさんが特筆した点は宗教に関する事柄であった。世界でもっともムスリム人口が多い国はインドネシアであり、「総人口のうち87.2％がムスリムである」（2013 宗教省）。毎年多くのムスリムが「宗教あるいは信仰に対してあまり関心がない[7]」と言われる日本へ、「同じアジア圏で近いから」という理由で仕事や勉強のためにやって来る。この時点で来日1年が過ぎていたEさんは、「日本人は本当に親切で優しいですが、宗教に関しては理解が得られません。特にお祈りをする場所を確保することが難しいです」と続けた。ハラールフードについても丁寧に説明がなされた。「ハラール基準はとても細かく、実際日本で生活するにあたって、すべてを満たす食材を入手することは難しいです」と、Eさんの語り口は彼女が持参した酒と豚のイラストに×印が付けられたかわいらしいスライドとは対照的であった。

(2) 日本へやって来たムスリム

　いくつかの統計に目を向けてみよう。

　2015年時点、日本に住む外国人スリム人口は10万人程度である（店田 2015: 2）。国籍別に日本に暮らすムスリム国出身者（総人口に対するムスリム人口の割合が大きい国）人口をみると、東南アジアでは、インドネシアが4万2,850人[8]、マレーシア（61％がムスリム）が9,084人となっている。南アジアでは、パキスタン1万3,752人（97％がムスリム）、バングラディシュ1万2,374人（88.4％がムスリム）である（法務省「在留外国人統計」より[9]）。

　ムスリムの来日が増加したのは、建設業や製造業、サービス業における人手不足が背景にあったバブル期の1980年代後半以降のことであると言われている。（丸山 2007: 168）。インドネシア人は90年代後半から急激に増えた（桜井 2003: 40）。バブル時代は日本に「労働者」として出稼ぎに来ていたムスリムが多かったが、近年は大学や高等専門学校で勉学に励むため「研修生・留学生」として来日する者も多くなってきた。インドネシアに限らず日本への留学生が増加するきっかけとなったのは、1983年の旧文部省による「留学生10万人受け入れ計画」に端を発する。2008年「留学生30万人計画」が打ち出された後、2013年には日本と東南アジア諸国の大学との共同研究・教育連携の取り組みを募った「大学の世界展開力強化事業」も展開されている。独立行政法人日本学生支援機構「平成28年度外国人留学生在籍状況調査結果」よると、2016年5月1日時点での留学生数は23万9,287人であり、過去最多となっている。インドネシアからの留学生は4,630人で、出身国別外国人留学生数上位10ケ国中6位である[10]。

　インドネシアから日本へ留学するのはどんな人たちだろうか。日本への留学を紹介するホームページをのぞいてみると、日本（人）は「安全」「清潔」「礼儀正しい」といった言葉が並ぶ。インドネシアでは高校教育の外国語として日本語を選択する生徒の割合が多いものの、現状では日本への留学者数は少ない、と言われている。むしろ国をあげて英語教育に力を入れている傾向もあり、アメリカ、オーストラリアに続き、オースラリアでの学位が取得できるマレーシアやシンガポールを留学先として選ぶ傾向が強い（奥島編 2009: 62）。しかし、英語プログラムで現地募集を行っている日本の大学は出願者を増やしており、本稿に登場する人たち（あるいは配偶者）もまた、すべて英語プログラムでの日本留学であった。

　インドネシア元日本留学生協会（PERSADA[11]）によると、インドネシアからの留学生が最初に日本に渡ったのは1930年代初めのころ、とある。来日した当初、彼らの問題は仕事や住居、食材探しだった。やがて滞在期間が長くなるに連れ、日本で生活しながらいかに信仰を維持するかが課題となっ

た。その一つとして日本国内にモスクが建設されるようにもなった[12]。最近は、日本生まれの二世を日本の学校に通わせながら、いかにムスリムとして育てるか、イスラームの教義に従った墓地の確保が関心事になっている、と言われている（桜井2003: 22）。

3 課題

　異国の地で子育てをすること、しかも永住ではなく期限付きの日本での滞在において、ムスリム女性として母として生活するにはさまざまな困難がつきまとう。いや、それらの困難はムスリム女性でなくとも母でなくとも起こり得たことかもしれない。たとえば、言語の問題は多かれ少なかれ滞日外国人に共通する問題であり、「日本語の難しさ」はムスリム女性に限ったことではない。「子育ての難しさ」もまた同様であろう。

　しかしイスラームに関しては、外国の文化とみなすか宗教とみなすかによって受け入れ側の対応に相違が出てくる。そのことを念頭に置いたうえで、ムスリム女性はどんな悩みを抱え、それをどのように乗り越えようとしたのか。そのプロセスを追っていこう。もちろん困難ばかりではない。彼女たちは何に喜びを覚え、それをどんなふうに他者と分かち合ったのか。彼女たちの困難は、おそらく、日本での一攫千金を夢見て、親戚縁者から多額の渡航費を借金し、単身、観光ビザで入国、不法就労や不法残留を続けていたムスリムからはなかなか想像し難いものであろう（樋口ほか2007など）。実際先達からは、「若い留学生は先輩たちが経験したような個人的な友情を築く状況には置かれなかったようです。人々は豊かになりましたが、多少冷たくなりました[13]」とも言われている。ムスリムたちは変化している。日本社会もまた変化し続けている。

　以下では4人のムスリム女性のライフヒストリーを、上述の問題関心に引き寄せて紹介する[14]。4人の共通点としては2015年時点で日本へ滞在しており、滞日生活にあたって何らかの困難に遭遇したことから筆者との関係が始まっている点と、本稿を綴るにあたって皆が快諾している点である。なお、彼女たちとの会話は主に英語で行い、以下で紹介するそれぞれの生き様はワンショット・サーベイではなく、日常生活の中で長期にわたって交流を続けながら書き綴った記録であることを付記しておく。

4 4人のライフヒストリー

(1) Dさん

1) 背景

　Dさん（20代後半）は、2012年から3年間、夫の留学のため来日した。Dさんの夫はインドネシアで電気関係の仕事をしており、日本の大学院で博士号を取得することが目的であった。家族構成は、来日時、1歳の子ども（男児）とDさん夫婦の3人であったが、Dさんは2014年に2人目の子ども（男児）を日本で出産した。Dさんと夫はインドネシアの同じ大学院で知り合い、修士号を取得後、結婚した。結婚後Dさんは、夫の希望で専業主婦となり日本でも子ども2人の面倒は主にDさんが担っていた。

　一家は同じ大学に通う外国人が多く住むアパートの1階（2DK）に住んでいた。Dさんは筆者の家には何度も足を運んでくれたが、筆者がDさん宅に招かれることはなかった。しかし、Dさんとのやりとりは、いつも直接会ってであったため、幾度もDさん宅の玄関口までは行くことがあった（Dさんは夫から携帯電話を持たされていなかった）。その折、Dさんは必ずヒジャブを被っていた。

2) 子育て

　Dさんの長男は2015年4月から9月まで2年制の公立幼稚園の年少組に通った。幼稚園の送迎は

Dさんが担当しており、夫の姿を見かけることはほとんどなかった。しかしDさんが次男を抱っこしている時とそうでない時があり、次男の面倒は自宅で夫がみている日もあることがわかった。Dさんは夫から、「お前は英語ができない」と言われていることが影響して、「英語も日本語もあまりできません」とよく口にしており、誰か日本人と話すときには必ず別の人が側にいた。役所や幼稚園での事務的な手続き等については夫が担っており、幼稚園の先生と話をするときは子どもが同級生同士でもある、本稿に登場するEさんが担当した。筆者も当初はEさんを介してDさんと接するようになったのだが、少し話をしてみると、Dさんはじゅうぶん英語でコミュニケーションできる力があり、「Eさんを介して」というのは、Dさんの語学力だけでそのようにしているのではないことがわかった。つきあいが長くなるに連れて、Dさんの謙虚さや慎ましさをひじょうに感じるようになった。

　本稿に登場する人物の中で日本での出産を経験している人はDさんだけである。さらにDさんは長男をインドネシアで産んでいるため、両国の出産にかかわる違いを直に経験している。そのため筆者は、当初そのあたりに力点を置いて、Dさんから話を聞かせてもらおうとした。しかしDさんは、「どっちがよい、わるい」というものの言い方はもちろん、こちらが期待するほどの「違い」を強調することもしなかった。もともと口数が少なく控えめなDさんだから、何の話題にしても、「盛り上がる」ことはなかったが、出産という一大イヴェント、しかも異国の地でとなれば、相当の覚悟がいったであろうと想像したが、Dさんは「日本は医療システムも教育システムも整っているし、日本人は皆親切だから……」と淡々と語るだけで、たとえば「妊婦健診が〇〇で、とか、入院日数が〇〇で、とか、入院中には〇〇で……」といった細かなニュアンスの話題は出てこなかった。

　また、出産以前に日本人の場合、異国の地で妊娠が判明した場合、その国で産むか否かが大きな課題になるだろうが、Dさんの場合、その選択肢すらなかったようだ。（この点は本稿には登場しないものの、交流を深めた他のインドネシア人たちにも共通していた）。Dさんはボルネオ島の出身であり、両親は今もそこにいる。大学進学で首都ジャカルタに出てきて、そこで結婚し出産した。Dさんにとっては、ジャカルタで出産することも日本で出産することも、大きな違いはなかったらしい。「里帰り出産」とはグローバルな概念ではないことを知った。ただ、「わたしは英語ができないから」と何度も繰り返すDさん宅の周りに同郷の人たちが複数いたことは、彼女の滞日生活にあたり、たいへん大きかったことのようだ。

3）　子育て(2)

　Dさんが近所のショッピングセンターで買い物をしている折、偶然、遭遇した。調味料を購入するのにDさんが困っていたため、少しサポートした。どうやら、そういった経験がDさんの今までの生活においてなかったようで、安堵したらしい。その時点でDさんの滞日生活は2年半に及んでいる。これまでどんな2年半を送ってきたのだろうと、逆に驚いた。話の流れで、「よかったら、家に遊びに来てね」と言った。

　何をするにあたっても、夫を頼り、自宅周辺のインドネシア人コミュニティを頼りにしていたDさんである。「家に来てね」とは誰と来るのか。半信半疑で待ち合わせ場所へ向かった。Dさんは子ども2人と待ち合わせ場所にやって来た。その子どもたちは2人とも甚平を着ていた。「日本人の家に行くのは初めて」だとDさんは言う。彼女の気遣いに笑みがこぼれた。

　事前に「何が好きか」を聞いたとき、「長男は寿司が好き」だと教えてくれていた。そのため、その日は「出前のお寿司をとろう」と段取りしていた。Dさ

んたちが筆者の家に着いてから、「何のお寿司がよいか」と聞いて、長男が「いくらが好き」だということだったので、それを注文した。いくらも食べるが、チキンナゲットやフライドポテトにも目がない長男を横に、Dさんは「ごめんなさい、ごめんなさい」と謝る。お天気もよかったので、「ベランダでプールをしようか」と投げかけてみた。長男は幼稚園へ通うようになり、少しだけ日本語が理解できた。「スイミングパンツを貸してあげるよ」と言うと、すぐに自分から着替え、それほど大きくないプールへ飛び込んだ。次男にはDさんがパンツを履かせてあげた。そこに戸惑いは見られなかったため、女児を育てる母親との違いを見たような気がした。Dさんの長男は、幼稚園でも他の園児と同じように身体測定をしプールにも入ると言う。もしかすると、女児の母親は男児を持つ親より滞日生活に気を遣うのではないかと単純に察したため、Dさんにたずねたてみた。Dさんは慎ましやかに、「そんなふうに思わなくてもよいわ」と教えてくれた。その応答の仕方から、「男児は○○、女児は××」と紋切り型の想像をしてしまった自身を少し恥じた。

　小さなプールではしゃぐ子どもたち。Dさんは「ごめんなさい、ごめんなさい」を繰り返す。迷惑をかけるのではないかと気遣う素振りがいろいろなところで見られた。

　その日はイスラームのラマダンにかかっていたが、「妊婦と授乳中の女性は免除される」という約束事を教えてくれ、子どもたちのプール遊びの後、Dさんは「ごめんなさい」と言って、筆者の目の前で次男にお乳をやり始めた。その間、次の質問をしてみた。次男の名前が日本人の男の子（しかも古風であった）の名前でしばしば見かける名前であったため、その理由を聞いてみた。「メイド・イン・ジャパン」と、慎ましやかでおとなしいDさんが少し笑って教えてくれた。その雰囲気が可愛らしく、何かが許されたような感覚を覚えた。

　お乳をやり終えたDさんはその流れで、「日本人は肌が白くて、わたしはこんなふうに黒いから」と、頬をなで腕をさすりながら口にする。こういう話題に続くんだなあと、Dさんの話の運び方に納得した。「美しい女性とは」といった話が続いた流れで、「（Dさんの）夫は細い女性が好き」とも教えてくれた。くわえて、「だからわたしは太れない」とも打ち明けてくれた。筆者は、赤ちゃん用のお古の甚平をDさんの次男にあげた。

4）Dさんの手料理

　来日して２年半を経て初めて日本人の家を訪問したDさんであるため、多くの日本人と関わったことがないと容易に想像できた。しかし長男が幼稚園に通い出すと、これまでの生活スタイルと当然違いが出てくる。毎日幼稚園への送迎にあたり、Dさんは多くの日本人と接する機会を得る。そこでDさんは、日本人同士が「おはようございます」、「こんにちは」と声をかけ合う姿が「すてきなところだ」と発見し、それを伝えてくれた。そんなところを指摘する人はDさんが初めてだったため、驚き、話を深めた。Dさんの話によると、インドネシアではそういった光景は見られないため、Dさんにはやさしい光景として目に映ったようだ。しかし、Dさん自身に直接声をかけられることはないと言う。後述するように、その点こそ大事なことだと強調したかったが、Dさんはそれほど気にしていないようだった。少し突っ込んで、「表面上は笑顔でも腹では何を考えているかわからないよ」というようなことを添えてみた。するとDさんが、「夫があなたと同じことを言っていた」と教えてくれた。Dさん宅での会話の一旦が垣間みられた。

　「あなたのインドネシアの話をもっと聞きたい」と、Dさんにプレゼンテーションを提案した。しかしDさんは、「わたしは英語が話せないからEさんにお願いする」となり、Eさんが担当してくれた。Eさんの出身はバリ島、Dさんの出身はボルネオ島であ

る。先述したように、「インドネシアには約13,500の島々があり、500以上の言語がある」ことが強調され、Ｄさんも頷いていた。

　Ｄさんが担当したのはお菓子作りであった。黒ケーキ（kue ketan hitam）というボルネオ島の伝統的な子どものお菓子だそうだ。初めて口にする、しょっぱいような甘いようなお菓子に、「これは何が入っているのですか」、「どうやって作るのですか」、「いつ食べるのですか」と、Ｅさんの側に隠れがちだったＤさんに日本人が質問をしてくる。プレゼンテーションに自信のないＤさんが「わたしにできること」と考えてくれたことが、後述する「料理教室」の発想へとつながる。Ｄさんに感謝したい。

5）　夫との訪問

　夏休みのある日、Ｄさんは夫と子どもたちと一緒に筆者の家を訪問してくれた。夫とはこれまで何度か言葉を交わしたことはあったが、長時間しかもＤさんと同席して、というシチュエーションでは初めてであった。聞けば夫は、滞日中、幾度も日本人宅を訪問しており、研究出張を兼ねて日本国内を旅行したこともあると言う。「日本での留学生活をたいへん謳歌できました」と、日本を離れることを寂しく思っていた。その話ぶりや印象はＤさんの滞日の様子とは対照的だった。

　「子どもが幼稚園に通い出してから日本での生活が大きく変わりました」とは、Ｄさんが何度も口にしていたことであった。それは、毎日のお弁当作りや持ち物の確認といった物理的な事柄というよりも、一人で外へ出かける、それ自体がたいへん緊張感を伴うものであった、ということである。家から幼稚園まで送って行く時、幼稚園から家へ帰る時、いつ日本人から話しかけられるか。長男の先生に何を言われるか。それを自分は理解できるか。どう対処すればよいのか。そういった細々とした一つひとつのシチュエーションにビクビクしながら、毎日の送迎を行っていたのである。買い物に一人で行ったり、出産という、人によっては一大イヴェントをなし遂げたことよりも、Ｄさんにとっては、幼稚園への毎日の送迎がもっとも日本社会と交わりを持つ機会であったようだ。そこから出会いが生まれたことも事実であったが、それ以上に発展させることはＤさんには負担をもたらすことであったのかもしれない。しかしこの日、Ｄさんと子どもだけで筆者の家を訪問してくれた時とは少し違う、リラックスしたＤさんの様子も同時に感じた。側に夫が居ること、それはＤさんの滞日生活において必須であった。

　「子どものことを考えて」、「運動会までは」とか「卒業式までは」と、自国への帰国を延長する人も少なくない中、Ｄさんは幼稚園の運動会を目前に「帰国する」ことを選んだ。たしかに、Ｄさんの話の中では、こちらからたずねない限り、「子どもが日本での生活を楽しんでいる」といった話にはならなかった。幼子二人を抱えたＤさんの滞日生活は無事終わった。帰国後、Ｄさんから初めて届いた英語でのメールは、とても丁寧な文面であった。インドネシアへ戻って「やっと落ち着いた」という様子がじゅうぶん伝わってきた。

（2）　Ｅさん
1）　背景

　Ｅさん（30代前半）は、2014年から３年間、留学のため来日した。インドネシアで高校教師をしていたＥさんは、博士号を取得するために日本の大学院で化学を専攻していた。家族構成は、夫と子ども１人（来日時は３歳女児）の３人家族である。Ｅさんと同じく高校教師である夫は、自国での仕事を一時中断し、日本ではホテルの清掃アルバイトをしていた。Ｅさんは来日当初、博士号が取得できれば帰国する予定でいたが、博士号取得後も子どものことを考えて、子どもが幼稚園を卒園するまで日本へ滞在することを延長した。

　一家は同じ大学に通う外国人が多く住むアパート

の2階（2DK）に住んでいた。Eさんとのつきあいは、本稿に登場する人物の中ではもっとも頻繁にやりとりをした仲であるが、Eさん宅に招かれたり筆者の家に招待したりしたことは一度もなかった。おそらく、Eさんがひじょうに厳格なムスリムであることが大きな理由であったのだが、当初それがわからなかった。Eさんを誘うたびに、いろいろな理由（友達と先約がある、先生に呼び出されたなど）を、とても丁寧に話してくれるため、「ではまた今度ね」と、その日が来るのを首を長くして待っていた。招かれたことはなくとも何度もEさん宅の玄関口まで足を運んだことはある。その折に、Eさんは必ずヒジャブを被っていた。

2）子育て

Eさんの娘は2年制の公立幼稚園に、2015年4月に入園し2017年3月に卒園した。幼稚園の送迎は、入園当時は主に夫が担当していた。彼のアルバイトの時間は9時から13時までであり、朝、娘を送った後、仕事へ行き、昼に仕事が終わってから娘を幼稚園へ迎えに行く。「送り迎えの時間をマネジメントするのはたいへんでしょう」と問うたとき、夫は「ぜんぜんそんなことはない」と応えた。というのも彼は、日本での仕事を探すにあたって、娘の幼稚園の送迎を第一に考えて、その時間帯に見合う近場でのアルバイト先を探していたからだ。

しかし年少時の後半あたりから、帰宅時はEさんが娘を迎えにくることが多く、年長児になると、朝送り出すのも、主にEさんが担当するようになった。その理由を問うてみると、「娘がママと一緒じゃないといや、と言うようになったから」と困った顔で応えた。娘の面倒をみるため、途中でEさんの母親も来日している[15]。Eさんは大学の実験室で過ごすことが多く、朝、幼稚園に娘を送った後、大学まで50分かけて自転車をこぎ、昼1時すぎに大学を出て、また自転車で幼稚園へ向かい、娘を自宅まで連れて帰った後、娘を主人に任せて、また50分かけて自転車で大学へ戻る。「インドネシアでは娘がお腹に居た時、大きなお腹で9ヶ月までオートバイに乗って通勤していました」とたくましい。また、前述のDさんの夫の話では、「妻の服装（ケバヤ：ロングのワンピース）では自転車に乗ることができない」ということであったが、Eさんがその点について触れたことはない。

「異国での子育てはたいへんでしょう」との問いには、「とてもたいへん」との応え。折にふれて、その「たいへんさ」を訴えていた。その中身は、第一に言葉の問題、2つ目は宗教、それに関わって3つ目は食べ物である。言葉の問題については、本稿で登場する他の人たちは、「日本人は英語ができない」と訴えることが多かったのに対して、たびたびEさんは「日本語が難しい」ということを口にしていた。それだけEさんは日本人（語）と接する機会が多かった証拠であり、積極的に日本語を話す努力をしていたということである。そのためEさんは、日本語がわからない自身に対して、ひじょうに申し訳ないという感情を持っており、「ごめんなさい」という日本語を使うことがしばしばあった。

幼稚園からは毎日複数枚にわたるおたよりが保護者宛に渡される。さまざまな行事もある。クリスマス会はもちろんであるが、豆まき、ひなまつり、端午の節句、七夕会をはじめ、日本人が宗教的な行事だと意識していない行事についても、Eさんは娘を休ませた。1歳の誕生日を迎える前からヒジャブを被り、幼稚園にもかならずヒジャブを被ってきていた娘であったが、幼稚園の行事には「行きたい」と言う。Eさん自身も宗教的な行事かどうかはっきりわからないものもあったが、他のムスリムの子どもたちは休んでいない日であっても、念のため「休ませる」選択をした。バス遠足でもらう「いちごみるくのあめ玉」一粒さえ口にさせなかった。体重測定は、他の園児たちとは別室で担任と2人だけで行う。プール遊びがある時は、自国から取り寄せたヒ

ジャブの付いた全身を覆うスイミングウェアを着せる。夏祭りにはさまざまな夜店が出るが、他の子どもたちが唐揚げや焼きそばを頬張るなか、浴衣を着た娘はそれを見ているだけだった。もちろん、あめ玉にしても夜店での販売物にしても、他の学校や幼稚園同様、細かな成分表示は事前に示してある。Eさん一家のために英語表記もしている。「豚肉抜きの焼きそばもできる」と選択肢も示している。しかしEさんは、「作る行程を知る必要がある」と言う。

3）娘の成長

娘が年長になった4月下旬、Eさん宅に担任が家庭訪問をした。年少時の家庭訪問は互いに協議のうえ、キャンセルになったと聞いている。今回は家庭訪問が実施された。その時点で、娘は自ら日本語を話すことはできなかったが、先生の日本語を聞き取り、それをEさんにインドネシア語で伝えることはできるようになっていたため、娘が通訳の役割を果たしたそうだ。

家庭訪問から遡ること2ヶ月前、年少時の終わり、Eさんを通じて娘の将来の夢を教えてもらったことを思い出した。娘の夢は「先生」だった。Eさんは、「先生」と、漢字で書いて教えてくれた。どこかに書いていた「先生」という字を見ながら、一所懸命に初めて書いたであろう「先生」という漢字であった。Eさんとのふだんの会話は英語であり、「せんせい」という発音をEさんから聞いたのも初めてであった。「なぜ彼女は先生になりたいの」、「娘は幼稚園の先生が好きだから」と教えてくれた。年少時の1年間、他の日本人の子どもたちと同じように園生活を送った娘であったが、まだこの時点では、担任と日本語による言葉のコミュニケーションをとることは難しかった。しかし娘は、担任と過ごした1年間で担任に憧れを抱き自分もそんなふうになりたいと、Eさんに言ったそうだ。しかし担任はそのことを知らない。互いになかなか伝える手段もない。Eさんはしきりに日本語の難しさを訴えていたが、おそらくこういった、とても大切なことが他にもたくさんあり、それを口にできないもどかしさが積もっていたのだろう。Eさんの娘と担任の間には言葉はいらなかったのかもしれないが、母としてEさんは先生に伝えたいことがやまとあったのだろう。その後、「○○せんせい」という表現を使って話すことも多くなった。

園生活が1年半を過ぎた頃から娘は友達と日本語で話したり、その友達の保護者にも日本語で話したりすることが多くなってきた。Eさんは娘の成長をうれしく見守る反面、自分の日本語が娘ほど上達しないもどかしさを感じるようになった。娘からそれを指摘されることもたびたびあったようだ。

4）料理教室

Eさんと料理教室を企画した。この時ほど、密にやりとりをし互いの背景を知ることになるとは想像もしなかった。先述のように、Eさんとは互いの自宅に招く、招かれる交流の仕方は、Eさんにとってひじょうにストレスを与えるものであることを経験していたため、公共施設の調理室を借りてであれば、気軽に参加できるのではないかという思いから、Eさんを料理教室に誘った。ところがEさんからは最初、「見学だけします」「お弁当を持参します」との返事をもらってしまった。思わぬ返答の仕方に驚いたが、「どうすれば実現できるか」をお節介とは承知しながらも懸命に考えた。「お節介でごめんね」と言うたびに、Eさんからは「違うのよ。お節介じゃないのよ。わたしはできることなら参加したいけど、たくさん制約がありすぎて、参加すると迷惑をかけるから」と、逆にEさんが謝ってくれた。「迷惑じゃないの。あなたのことをもっと知りたいから」。以下の段取りをもとに、料理教室を実施することが決まった。

- ハラールは酒と豚だけがダメというものではない。鶏肉であってもイスラームの法に則って処理されたものだけが許される。

・包丁をはじめ調理に必要なボウルやお鍋等、調理に関わる道具および会食に必要な食器はすべて持参する。
・ハラール食を作る人と作らない人とでは調理台を別にする。
などである。

　事前準備は互いにたいへんだった。Eさんから提出してもらったレシピ（写真①②）、こちらから提出したレシピ（写真③）をそれぞれ翻訳し、「これは大丈夫か」「これは大丈夫か」と一つひとつ食材をチェックし、特に調味料に関してはいくつも削除した。こちらから提案した料理はピザとポテトサラダである。「ピザの上に何を載せようか」、「味付けを何でしようか」と互いに頭を悩ませた。ピザの生地は小麦粉と強力粉である。これは日本製のもので大丈夫とのことだった。生地の上にはチーズと鶏肉とタマネギを載せることになったため、チーズで悩んだ。日本のチーズには「生乳100％」と表示されていても、そうではないものもある。スーパーの生鮮食品の責任者に問い合わせ、チーズの製造元に電話して確認してもらった。ハラール肉をはじめ塩や胡椒などはハラール食材店に買いに行った。しかしコンソメと酢がない。インドネシアから持参してきたものを使うことになった。Eさんによると、コンソメは日本のハラール食品を扱う店で入手することが可能とのことだが、酢は入手することがなかなか難しいとのことだった。もっとも頭を悩ませたのは、凍結されたハラール肉（写真④）であった。2キロ単位でしか売っていない。ピザに使用するのは、わずか100から200gである。凍結された2キロの鶏肉はしばらく筆者の自宅の冷凍庫に眠らせておいたが、どうやって解凍すればよいのか。2キロの凍結した鶏肉の塊では必要分だけ取り出すことも固くてできない。そもそもムスリムでない筆者がこの鶏肉が入っている封を切ってよいのか。筆者の手で鶏肉を触ってよいのか。購入できた喜びはさておき、

いざハラール肉を目の前にさらなる難問が待っているようにも思えた。「店で売られているハラール肉はすでに他者の手が入ったものだから、あなたが封を開け触ることはかまわない」、「ふだんはいったんすべて解凍して必要分だけ切り、後はまた凍結している」など、Eさんが丁寧に、いつもになく饒舌に教えてくれた。

　本稿に登場する人物を含め、交流を深めたムスリムの中には「酒と豚以外はOK」と、笑いながら教えてくれる人も少なくなかった。しかしEさんは違った。冒頭述べたように、Eさんが、筆者からの誘いに「はい」と言えなかった理由をあらためて思い返すと同時に、そこでEさんに申し訳ないことをしたと思うこと自体が、Eさんの筆者への「ごめんなさい」という言葉を導いてしまうことにも気づかされた。たんに「食べられるもの（ハラール）／食べられないもの（ハラーム）」の区別だけではないのだ。

5) 帰国前

　帰国まで残り2ヶ月をきり、Eさんは顔色の悪い日が続いた。歩くのもままならず何も食べられなくなった。Eさんは「病院」の相談を筆者にしてきた。つわりだった。Eさんのお腹の中に赤ちゃんがいることを娘はとても喜んでいるとのことだった。Eさんのつわりがひどいため、夫が家事をすべて行い、娘の送迎もふたたび担当するようになった。

　重度のつわりが続く中、幼稚園では保護者による一斉清掃日があった。金曜日だったため、Eさんの夫はモスクでの礼拝に出かける。Eさんが窓ふきに参加した。「新聞紙をこうやってまるめて窓をふくのよ」と教えてあげると、Eさんが「インドネシアでも同じです」と、慣れた手つきでEさん担当の窓へ向かった。そこで一つのお願いをしてきた。「娘の卒園式に着物が着たいです」と。「しんどいのに大丈夫ですか」と余計な心配をした。しかし、これまで何度もこちらから「お願い」をすることはあっても、Eさんからは、それほど強い「お願い」をされたこと

はなかった。これまでいつも「ごめんなさい」を口にしていたEさんが、「娘のために着物が着たい」と言う。さらには、自身の博士号取得の卒業式にはインドネシアの伝統衣装を着たのだが、娘の卒園式には「着物が着たい。でもレンタルは高いし……」と言う。「わたしの着物を貸してあげましょう」。

卒園式前日、Eさんがたずねてくる。「着物は何色ですか」、「ピンクと紫の花柄よ」。当日、ピンクと紫のヒジャブを被り、真っ赤な口紅を付けたEさんが着付けの先生の前に姿を現した。雪が散らつく3月の半ば、「寒いと思うからたくさん着込んで来てね」とのアドバイスを守って4枚もの下着を付けてきたEさんは、娘の身体測定同様、着付けの先生と別室で2人になり着物を着せてもらった。娘に感想を問うてみると、「ママきれい」と日本語で言ったそうだ。

インドネシアへ帰国後もEさんとのやりとりは続いている。その語りの多くは、日本での「良い思い出」である。しかし娘は違う。5ヶ月が経った今も、「娘は、ここ（インドネシア）にいるのが夏休みだったらいいな。また日本に帰りたい」と毎日訴えているとのこと。たしかにEさんは、帰国前にも「娘の帰国後」の心配を口にしていた。「本来であれば小学校に行く年齢ですが、娘のストレスになるだろうから、帰国後はまず幼稚園に行かせます」「英語のアルファベットみたいなものがインドネシアにもあるのですが、それを娘はマスターしていません。インドネシアでは小学校へ入るまでにそれらを習得せねばならないのです」などであった。卒園式に、Eさんの娘が「他のお友達と一緒に同じ小学校へ行きたい」と訴えていたことを思い出すと、やはり胸が痛む。

(3) Aさん
1) 背景

Aさん（30代前半の女性）は、2015年から1年間、留学のため来日した。インドネシアの市の職員として働いていたAさんは、修士号を取得するために大学院で経済学を専攻していた。家族構成は、夫と子ども2人（来日時は5歳と6歳、ともに男児）の4人家族である。インドネシアで転職を繰り返していた夫は、来日直前は電気関係の仕事をしていたが、その仕事を一時中断し、Aさんの来日後2ヶ月経ってから2人の息子を連れてやって来た。彼は途中で一度、自国での仕事を調整するため1ヶ月あまり一時帰国している。そして、ふたたび来日して数日を過ごし、先に子どもたちと一緒に帰国した。その後Aさんは、同じくインドネシアから来た10代後半の女性留学生2人（一人はムスリム、もう一人はキリスト教徒）と部屋をシェアし3人で暮らした。

一家は同じ大学に通う外国人が多く住むアパートの3階（2DK）に住んでいた。Aさん宅にはよく通った。おそらく本稿に登場する人物の中で、もっとも頻繁に足を運んだ家であろう。それだけAさんは、筆者を呼び出しいろいろな話を聞かせてくれながら、その折その折、直面している課題への対処法を求めた。外ではヒジャブを被るAさんであったが、家では被っていなかった。

2) 子育て

Aさんの2人の息子たちは、2016年1月から7月まで日本の幼稚園と小学校で過ごした。来日当初、長男は小学1年生、次男は幼稚園年長であり、2016年4月からは、長男は小学2年生、次男は小学1年生になった。幼稚園への送迎をはじめ、子どもの面倒はAさんの夫が担っていた。そもそも来日の目的がAさんの修士号の取得だったため、夫は全面的にAさんをサポートした。しかし夫が一時帰国せねばならなくなった折、Aさんは困った。子どもたちは2人とも小学生になっていたため送迎は必要なかったが、昼過ぎには家に帰って来る。小学生2人を誰もいない家に帰らせることはで

きない。学童保育やファミリーサポート制度があることをＡさんに伝えたものの、金銭面から彼女はそれらを利用することをしぶった。そして、「なぜ日本にはお手伝いさんがいないのか」と、強い口調で問うてきた。幸い彼女は、子どもたちの時間割に合わせて、自身の時間割を組むことができたようで（担当教員に強く申し出たとも言っていた）、公共の子育て支援サービスを利用する必要はなかった。それでも、日によってはイレギュラーに子どもの帰宅が早かったり、Ａさん自身大学での授業が長引いたりすることはある。そういう場合は、近所に住む複数のインドネシア人に子どもを託す。「異国の地で一人で子どもの面倒をみるのはたいへんでしょう」という質問は、Ａさんには愚問かのようにも思えた。

3) 職探し

子どもの面倒をみることを主として来日したＡさんの夫であるが、子どもたちが幼稚園や小学校へ行っている間だけアルバイトをしたいと考えるようになった。夫は日本語も英語もそれほど堪能ではない。どうすればよいか。履歴書の書き方、電話の掛け方、面接時の通訳など、そういった理由から筆者を必要としていることがわかった。ただ、Ａさんの夫が自発的に求職活動をしたいと思ったわけではなく、Ａさんからの強い推しがあったことは、この求職活動を通じて、Ａさん宅に幾度も足を運びながら気づかされたことである。先述したＥさんの夫の場合、職探しは主にインターネット上の英語表記のあるサイトで行われていたが、Ａさんの夫の場合は日本の新聞広告がメインである。仕事内容や給料よりも、勤務場所が自宅から自転車で通える距離にあることと勤務時間帯が子どもたちの学校からの帰宅時間と重ならないことが優先された。数週間分の新聞の求職広告の中から何十という候補地を探しては電話をかけ、次々と広告にマジックで×印を付けていく。「日本語ができない」という理由で断られる。夫はもともとそれほど熱心ではなかったせいか、「もういいよ」というあきらめモードの中、Ａさんはめげない。筆者に対しても、夫はＡさんの耳もとで「もう自分たちでするから帰ってもらおうよ」と気遣うものの、Ａさんは「もうちょっと、もうちょっと」と引かない。温厚で低姿勢な夫と、何事にも引きを知らないＡさん。その間子どもたち２人は、５歳と６歳の男児にしては驚くほど静かに別室で遊んでいた。努力が実って面接時まで行けたのが一社あった。面接にはＡさんも同席したものの、不採用になった。しかし数日後、Ａさんの伝手で工場内でのアルバイトが見つかった。

4) 論文解読

Ａさんから「重要な書類を提出しなければならないんだけど、読めない漢字があるから教えてほしい」と電話を受けた。「今日は子どもを誰にもあずけることができないから、また時間ができたときにあらためて」とはＡさんには通じない。「じゃあ、子どもはわたしがみてあげるから一緒に来て」。けっこう雨風が強かったその日、ベビーカーにカバーを付けて、カッパに長靴姿でＡさん宅へ向かった。

Ａさん宅の呼び鈴を鳴らす。「待っていたわよ～、どうぞ中へ入って～」と、首を長くして待っていてくれたことはよくわかった。そして、カバー付きのずぶ濡れのベビーカーを玄関から上がってすぐの台所へ上げてくれた。Ａさん宅は玄関で靴を脱ぎ、家の中では裸足か靴下を履いて生活するスタイルである。眠っている子どもをベビーカーに載せてそのまま外へ置いておくわけにもいかなかったが、まさか台所に、雨の中を転がしてきた泥や砂が付いているタイヤのベビーカーをあげるなんて、気負いした。気になるのはタイヤだけではない。カバーからは雨水がしたたり落ち、台所のフロアは濡れている。Ａさんが「大丈夫、大丈夫」と言うので、その流れに任せた。そんなことよりも、Ａさんは早く漢字を解読してほしい様子であった。

聞けば、指導教員からレポートを書くための論文

が添付されてきたのだが、それが日本語の論文だったため、Aさんは読むことができない。「数字のところだけ教えてほしい」と言うのだ。「経済学の論文なんて、わたしの専門は……」ともAさんには通じない。しかも、「数字のところだけ」と言われても、前後の文脈なしには、筆者にはその数字の持つ意味がわからない。「漢字があるから読み方を教えて」とは、たんに「読み方を教える」、つまり「ふりがなを打つ」ことではないのだ。

けっきょく4本の論文をほぼ全訳した。幸いなことに筆者にも理解できる内容の経済学の論文だった。2本を解読の後、所用もあったためAさん宅につきっきりでいるわけにはいかなかったが、Aさんに圧倒されてしまい、なんとなく「用事を済ませてからもう一度来るわ」と言えてしまった。相当の時間を要したことにくわえて、「子どもの面倒をみてあげるわ」と言いながらも、実際は論文解読に夢中であったAさんであったが、「なぜ日本語の論文なんて添付してくるのよ」と文句のひとつも言わずに、数字が読みとれたことはうれしかったようだ。「これでレポートが書けるわ」と言われてさよならできた。4本の翻訳は当初躊躇したが、こんなことでもなければAさんの専門性（経済学の中でも、どんな分野を学んでいるのか）を知ることはできなかったため、後になれば貴重な機会であった。その過程で、Aさんは日本人の先生や学生たちと一緒に温泉旅行へ行ったこと、そこでのエピソード（ハラール以外のものを食べた）などを教えてくれ、「わたしはオープンマインドであること」を強調していた。

5）花見

Aさんから「花見に招待するわ。家族みんなで来てね」と連絡をもらった。近隣県に滞日しているインドネシア人たち50名ほどが一同に集う花見であり、Aさんは、50名分の料理を作ったと言う。そして、「料理を運びたいから車を運転してほしい」とのこと。招待がメインなのか運び屋がメインなのか、これまでのAさんとのつきあいでは、もう不問である。50人分のスープを入れた、まだ温かいゴミ袋ならぬ大きなビニール袋の縛りには驚いたが、ビニールは3重か4重に縛ってあったためこぼれることはなかった。大きなお鍋もいくつもあり、その中にはチャーハンやヌードルが入っていた。タッパには色とりどりのスイーツが並べられていた。それらを、まるで引っ越し用の荷物を積むかのように車のトランクに積み込む。Aさん宅の前に行くと、いつも漂っていたインドネシアの匂いが、この日は車いっぱいに漂った。

花見の場所までは車でも40分はかかる距離である。その距離を、Aさんと2人の子どもたちはそれぞれ自転車で向かう。到着すると、これからのインドネシア社会を担うであろう若いインドネシアの学生たちが筆者らを迎えてくれる。エネルギーに満ちあふれた大きな集団であった。Aさんは、次々とインドネシア料理をよそってくれる。筆者らにのみならず、来日して間もない同郷の人たちにも、手早くチャーハンをよそったりジュースをついだりしてあげている。50人の集団の中でも、Aさんは一際目立つ存在であった。仕切り屋というか面倒見のよいお母さんというか、人と人とをくっつけてしまう憎めない愛嬌のある女性だ。「これが彼女の良さなんだなあ」と実感した。

6）帰国前

帰国前も慌ただしかった。「子どもたちの成長を見てもらいたいから家に来て」。襖に兄弟それぞれの名前がカタカナで書いて張ってあり、その横には小学1年生と2年生の時間割表、そして1ヶ月の給食のメニューも張られていた。「豚肉」がメニューにある日だけ、Aさんはお弁当を持たせていた。帰国にあたってAさんは、当初から子どもたちのインドネシアでの学校を優先させ、Aさんよりも早く彼らを帰国させる手はずをとっていた。子どもたちも、「もっと日本に居たい」とは言わなかった。それで

もAさんは、「ひらがなが書けるようになった」次男、長男にいたっては、「漢字もカタカナも書けるようになった」ことを、ひじょうに誇りに思っているようで、日本で子どもたちに教育を受けさせることができたことに満足していた。

　子どもの成長を見せるだけに筆者を呼んだのではない。帰国前に一家でディズニーランドへ行きたいので、そのバスの手配をしてほしい。東京見物もしたいからディズニーランド直行ではない夜行バスで行きたい。しかも出発は明日の夜だと言う。「え、明日の夜ですか」はAさんには通じない。通じないから筆者を呼んだのだ。さらに帰国にあたって、引っ越しの準備を手伝ってほしい。郵便局の人は英語が通じないから付いて来てほしい。ダンボールをコンビニにもらいに行ったけど、英語が通じなかったのでもらってきてほしい。などなど、Aさんとのつきあいは、こちらが意図せずとも最後までAさんからたくさんの材料を与えてくれ、互いの信頼関係の構築に役立つものであった。

　帰国日の10日ほど前、律儀に「ありがとう。さようなら」というメールが届いた。いつもは電話でのやりとりが多かったため、そのメールに驚き返事をした。すると、「さよなら」ではなく、「最後だから、またあなたのうちに招いてほしい。わたしの誕生日を一緒に祝ってほしい」とすぐに返事が来た。温泉にも入るし、つねに「オープンマインド」と言っていたAさんだから、「たこ焼パーティにしようか」と提案してみた。「了解」とのことだったので、たこ焼の準備をしてAさんを待った。しかしAさんは来ない。何度か電話をしてみたがAさんは出ない。約束の時間が30分ほど過ぎた頃、電話があった。「友達を連れていく」と。その夜は、AさんとAさんの部屋をシェアしているインドネシアから来たばかりの留学生2人もやって来て、たこ焼を食べた。Aさんは、「インドネシアでは誕生日にこういう黄色いチャーハンを食べるの」と言って、持参したチャーハンを手際よくよそってくれた。

　Aさんの帰国は明日。ダンボールに日本で購入した布団一式を詰め込んでいる。周りにはインドネシアの友達（おそらく後輩だろう）がAさんを手伝っている。今にもガムテープが開きそうなほどパンパンにふくれあがったダンボールと、もうひとつ、これも大きなダンボールであったが、子どものおもちゃだそうだ。2つのダンボールを車のトランクに詰め込み郵便局へ向かった。Sal便と船便の値段の違いを詳しく聞き、船便を選んでいた。子どものおもちゃは、「壊さないように、壊さないように」念入りに伝えていた。郵便局の受付終了時間は6時。すでにまわっている。Aさんのアグレッシブさは郵便局の人をも圧倒した。別れ際、Aさんは後輩たちに「困ったことがあったらこの人に言ってね」と伝えていたようだ。しかしその後、彼女たちから連絡はこない。街で見かける折、「こんにちは～」とか「Selamat sore（こんにちは）」と声を掛け合う程度である。家族で滞日することの困難さを、単身で滞日した彼女らを通じて学ばせてもらっている。

(4) Jさん
1) 背景

　Jさん（30代前半）は、2016年から2年間、夫の留学のため2歳と4歳の男児2人を連れて来日した。インドネシア政府で働いているJさんの夫は、自国に居るときの大学の同級生であり、大学卒業後、結婚し、Jさんは専業主婦になった。

　先述したDさんが住んでいたアパートの同じ部屋に、Dさん一家が帰国後、先に夫だけ来日し、その後半年経ってJさんが子ども2人を連れて来日した。Dさんがいくつかの家具をそのまま残しておいてくれたため、部屋には備え付けのキッチンのほか、大きな家具としては冷蔵庫や電子レンジ、別室にはベッドもあった。ただ、机や椅子は一切なく、食事の時にはベッドを机変わりにし、その側にピクニッ

クシートを敷いて食べる。このように、Ｊさん宅には幾度か訪問することがあった。その折、Ｊさんは必ずヒジャブを被っており、「インドネシアの家にはたくさん家具がある」と、わざわざ断りを口にしてくれた。ベランダにはいつもＪさんの夫のジーンズとサロン（男性の民俗衣装）が干してあった。夫の移動手段は自転車であったが、Ｊさんがその自転車に乗ることはなかった。

2) 花見での出会い

先述のＡさんに誘われた花見を通じて、Ｊさんと知り合いになる。来日したばかりのＪさんだったため、Ａさんと面識はないようだったが、筆者が花見の場で、「自国を離れて子育てすることはたいへんだと思うので、何かサポートできることがあれば言ってください」と言ったことが、Ｊさんの夫に響いたらしい。その時はＪさんの夫を介して少し話をした。ただ、「異国での子育てはたいへんでしょう」、「ハラールフードを探すのもたいへんでしょう」といった類いの話に、Ｊさんの夫は「そうです、そうです」と応えてくれたり、そこから話がはずむものの、Ｊさん自身はのってこない。幼い頃からの友人のように接してくる夫からは言葉や文化の壁などない雰囲気を感じたが、Ｊさんからは同意も否定もなく、どちらかというと味気ない応答をされたようにも感じた。ヒジャブを被っているものの、大きな赤いダリヤの花が描かれているワンピースを着たＪさんは周りのインドネシア人からも一目置かれる存在に見え、互いに交流している様子もうかがえなかった。

その後も折にふれて、Ｊさんとは、Ｊさんの夫を介して関わることが多かったが、あまり関わりたくないのかもしれないなあ、この英語力では馬鹿にされているのかもしれないなあ、と思わされるほど素っ気ない対応の時もあった。「来日して間がないから、まだ難しいのかな」と思いながらも気軽に話せる間柄になれるとよいなあという願いから、顔を合わすたび声はかけた。「体調が悪い」と聞けば金柑を届けたこともあった。しかし、陽気で人懐っこく、しつこいほど話しかけてくるＪさんの夫とは対照的であった。後に知ることになるが、Ｊさんは、先述のＤさん同様、「英語と日本語ができない」不安を抱えていたのだった。くわえて、インドネシアでは、家事・育児等、すべてお手伝いさんがする生活が当たり前であった、と夫から聞かされた。日本へ来て、いきなりすべてがＪさんの一手に担われるようになったため戸惑うのも無理がなかった。

3) 子育て

Ｊさんの長男は、２年制の公立幼稚園の年少組に2015年４月から通い始める。その２ヶ月前から未就園児を対象にした子育てクラブにも長男は通っていた。このクラブは週１回の親子同伴で参加するクラブであり、長男はＪさんの夫と一緒に参加しており、Ｊさん自身が参加することはなかったが、「子どもを日本人の集団生活に慣れさせるため」Ｊさん一家は、時間をマネジメントして「子どものために」クラブへ通った。

幼稚園が始まってからも送迎は夫が担当していた。先述したＤさんの経験を知っていたため、Ｊさんが送迎を担当することの緊張感を想像することができた。それでも、夫が大学の授業等で送迎ができない時もあり、そのときはＪさんが長男を迎えに来る。

長男は幼稚園に通う前からクラブに通っていたこともあり、早期に園生活に慣れたようだった。２歳の次男は日に日に大きくなり、Ｊさんの手を放して一人でどこへでも歩いていくようになった。子どもたちの成長について、Ｊさんは他のどんな話題よりも笑顔で語ってくれる。だんだん筆者とのやりとりにも慣れてきた様子だ。

しかしＪさんは日本の幼稚園には戸惑った。幼稚園からの手紙や行事の案内、弁当のある日やない日のお迎えの時間の違い、毎日の持ち物や服装の確認など、細かな事柄一つひとつに毎朝戸惑った。

筆者に「今日のお迎えの時間は何時ですか」、「今日はどの服装で登園すればよいのでしょうか」、「今日はお弁当持ちですか」、毎日問い合わせのメールや電話がある。夫からではなくＪさんから直接であった。物理的な問いかけばかりであり、先のこともあるので、必要なことのみ返答し、あまり精神的に負担をかけないように必要以上の言葉がけは控えた。

4）ヒジャブと紅茶

Ｊさん一家は来日後、半年して夏休みに２週間の一時帰国をした。本稿に登場する人たちの中で一家で一時帰国をしているのは、Ｊさん一家だけである。一時帰国するには、自国での仕事のマネジメントや子どもの学校の手続きなどさまざまな理由があるが、往復の飛行機代のことを考えると誰もができることではない。ただＪさん夫婦は、ともにジャカルタ出身であり、双方の両親は現在もジャカルタに住んでいるため、両親に子どもたちを会わせることが一時帰国する大きな理由であった。くわえて、Ｊさんに休息が必要なことも夫から教えてもらった。

２週間の休息を経て、ふたたびＪさん一家は日本へ戻ってきた。その間どんなやりとりがあったのかまでは聞かなかったが、日本を旅立つ前に、「そのままインドネシアに居るかもしれない」と夫が筆者に伝えていたため、戻ってきたＪさんに驚きもした。そして、わざわざＪさんから呼び出しを受け、ヒジャブと紅茶を受け取った。いつも穏やかな顔をしていたＪさんではあったが、その日の顔は穏やかさの中にもキリっとした表情が漂っており、口元にはいつもはしない口紅が付けられていた。それが可愛らしかった。里帰りをしてエネルギーが充電できたようだった。

「あなたはミルクティーが好きだと言っていたから」と、ブラックティーを渡す理由を説明してくれた。「よく覚えていてくれたなあ」と驚くとともに、これまで数名からインドネシアのコーヒーはもらったことはあったが、紅茶をもらうのは初めてだったので、Ｊさんの心遣いと記憶力に気が引けた。そして緊張しながら初めてヒジャブを手にした。Ｊさんをはじめ複数のヒジャブを被る女性と接してきたものの、彼女たちのヒジャブに触れることはこれまでなく、プレゼントとしてもらうことも初めてだった。Ｊさんが筆者にヒジャブを被せてくれた。その慣れた手つきに、Ｊさんが大きなお姉さんのように思え、身を委ねてしまいそうな奥深さを感じた。ムスリム女性と接する時、日本の子どもたちがマフラーやスカーフを頭に被り、「いっしょ〜」と喜ぶ光景を見たことは幾度もあったが、筆者自身が被ることは想像したことがなかった。Ｊさんに「なぜわたしにヒジャブをくれたの」と聞くことは失礼だと思ったため、「Terima kasih（ありがとう）」以上の言葉は言わなかったが、Ｊさんの「sama sama（どういたしまして）」とお姉さんのように喜んでくれた顔は忘れられない。

そして、何かと行事ごとの多い幼稚園の２学期が始まった。Ｊさんの毎朝の質問はそれからも続いた。

5）料理教室の実際

そんなある日、Ｊさんの主人から「妻が、あなたが企画している料理教室にとても行きたがっている」と、目を疑うようなメールが届いた。先述のとおり、Ｅさんと企画した料理教室であったが、思わぬことに、当日Ｅさんは欠席し[16]、急遽Ｊさん主導で迎えることになった。頼れるＥさんがおらず、日本語に対する不安がある中、緊張しながらＪさんが主導する。日本人とムスリム女性が共に調理室に居ながら、調理台は別々。Ｊさんたちが使った包丁やまな板を、手の空いた日本人が気軽に洗うわけにはいかない。ベーコンを切った包丁を洗ったスポンジで、Ｊさんたちの使った道具を洗うわけにいかない。あらかじめいくつもルールを決めておいたものの、準備中には予想しなかったことが次々に起こる。インドネシアから持参してもらったボトル

に入った残りわずかな量の酢（写真⑤）を、ポテトサラダに使うのは、「気を遣う」と言う人が居たり、ポテトサラダの風味付けに、「ハラールマークの付いたカレー粉（写真⑥）は辛すぎる」と言う人が居たり、日本人側は全体的に厳戒体制という雰囲気で料理が作られていった。パサパサの黄色いポテトサラダとこぼれるほどの鶏肉の載った白いピザが出来上がった。日本人側からは「はあ～」と、疲れきったため息があちこちでこぼれた。

しかし調理中、Ｊさんは活き活きとしていた。事前にＥさんから聞いていたほど、Ｊさんと一緒に調理をしてみると、それほど緊張感漂うものではなかった。もちろんＪさんは、ボウルやまな板、包丁などは持参していたが、他のムスリム女性の誰よりも積極的に調理にたずさわり、彼女が２キロの鶏肉をさばく手には、見とれてしまうほどの力強さがあった。何がＪさんを突き動かしたのかはわからないが、彼女に感想を問うてみると、「自分でも何が起こったのかわからない」と少しだけ笑顔で応えていた。ピザの生地作りに、もたもたしている筆者を見かねて、彼女が代わりに生地を伸ばしてくれた。「ピザは作ったことがありません」と言っていたＪさんだが、「生地を伸ばす料理はよくします」という応えは間違いなく、その慣れた手つきは、到底真似できないものであった。

その後の会食の時間、「enak（おいしい）」という言葉があちこちで飛び交う。Ｊさんたちも「おいしい」という日本語を口にする。そして、今この時間、夫が自宅で子どもたちの面倒をみていることを教えてくれた。本来であれば大学で授業のある時間帯であったが、Ｊさんと夫が料理教室を優先してくれたことがうれしかった。「２時からお祈りの時間なので、もう帰らないといけない」と、Ｊさんが耳打ちしてくれた。会食の雰囲気を乱してはいけないという気遣いを知った。

6） 帰国前

Ｊさんの夫の留学生活が終わろうとしているある日、夫から「子どものために帰国を延長しようと、インドネシア政府に申請している最中です」と聞いた。あと半年帰国を延長できれば、長男は卒園式まで他の日本人の子どもたちと一緒に幼稚園での生活を送ることができる。あれほど長男の園生活のもろもろに頭を悩ませていたＪさんであるが、夫とともに「最後まで幼稚園に通わせてあげたい」と思うようになったそうだ。

くわえて、日本はとてもきれいだ、という旨の話を繰り返していた。来日当初、どちらかというとマイナス面ばかりを話していたＪさんであったが、「長男はまた住みたい、と言っている」と教えてくれた。長男は４歳から６歳になり、日本語を理解していた。次男は２歳から４歳になり、インドネシアの記憶は一時帰国時のうっすらとした記憶だけらしい。「両親に会いたいけれども日本にも居たい」。Ｊさんは滞在延長の申請結果を複雑な気持ちで待っている。折にふれて「風邪を引いた時に、あなたからもらった金柑がとてもうれしかった」と話してくれる。

先日、Ｊさんの家の近くをたまたま通ったとき、前から自転車が２台やって来るのが見えた。先頭の自転車はＪさんの夫がこぎ、長男を載せていた。次の自転車は、なんとＪさんがこぎ、チャイルドシートには次男が載っていた。Ｊさんは爽やかな顔で、「こんにちは」と言って、手を振ってくれた。

5　考察

以上、幼子をかかえたムスリム女性たちが期限付きの日本での滞在の間、それぞれがそれぞれに試行錯誤しながら生活してきた様子を綴ってきた。彼女たちのライフヒストリーを追ってみると、「ムスリム夫婦の役割分業」、「ムスリム女性のジェンダー観」、「日本におけるインドネシアコミュニティ」、「日本および自国での子どもたちへの教育」など切り口

となるキー概念がいくつも見出された。ここから何が導き出されるだろうか。本稿では次の３点に焦点をしぼって考察したい。

(1) 日本でいかにムスリムとして生きるか

「郷に入れば郷に従え」とは馴染みのある教訓である。多くのコミュニティあるいは集団において、「郷に従える」ようになってこそ新参者が古巣の人たちから受け入れられた証拠になり、新参者自身も「（新しい生活に）慣れてきた」とようやく言えたりする。「空気を読む」という表現も、類似の日本文化を表している。要は集団の中にいかに溶け込めるか、人とのつながりをいかに創れるかが問われている。

ＤさんやＥさんが、子どものために甚平や浴衣を着せてあげたり自ら着物を着たりする。当初「見学だけ」と言っていたお料理会に実際に参加する。長い間、乗ろうとしなかった自転車にＪさんが乗ってみる。彼女たちはムスリム女性として許される範囲で、郷に従い、空気を読みながら、日本社会に受け入れられるようにできるだけのことを実践していた。もちろんＡさんのように、温泉に入ったりヒジャブを取ったりして「オープンマインド」であることを強調することも、人とのつながり創りにおいては欠かせない手法である。しかしそれができない、それをしてはならない人もいる。もしかするとオープンマインドなムスリムは、「敬虔なムスリムではない」と非難の的になり得る可能性もある。そもそも敬虔なムスリムは、そういった非難を口にすることなどないだろうが。

しかし、である。梅雨のまっただ中、ベテランの保育士が口にする。「（子どもが）暑くてしんどそうで泣くから、半袖にしてあげたい。でも宗教上の理由か何かでそれができない」と。小学生の登校を見守るスクールガードが口にする。「（集団登校の）集合場所に時間通りにやって来ない。寝坊しているのかお祈りの時間と重なっているのかどうかわからな

いけど」と。現代日本社会における、ごく一般の人たちの反応である。

ムスリム女性たちの生き様からは、「郷に入れば郷に従え」とはムスリムにはあってはならないことであり、むしろ「非ムスリムの日本で、いかにムスリムとして生きるか」を日々実践している様子が明らかになった。

(2) 日本社会における包摂あるいは排除

先述したように、来日間もないムスリム女性は道を歩くだけでも相当の緊張感を強いられていた。滞日日数を経るに連れて、少しずつ緊張感が緩和されるプロセスがみられた。このプロセスは、ムスリム女性でなくとも引っ越しや転勤などで今までとは違った土地や場所に住んだことがある人なら容易に想像できるだろう。しかし、ヒジャブを被る女性を見ることが少なくなくなったとはいえ、団体の観光客かムスリム女性たちのアパート付近を除いてはいまだムスリム女性は日本社会においてマイノリティである。彼女たちのヒジャブや鮮やかな色の服装はひじょうに注目の的である。多くの日本人はムスリム女性たちがどれほどの緊張感に強いられているかを想像するよりも、物珍しさのまなざしを向ける方が勝ってしまう。

また、Ｄさんが「日本人のすてきなところ」と褒めたあいさつの習慣についてであるが、Ｄさん自身が日本人からあいさつをされていたわけではない。「おはようございます」、「こんにちは」と日本語ですら話しかける日本人は多くなかった。Ｄさんが「日本語で話しかけられたらどうしよう」と不安に思っていた以上に、日本人側もまた「英語やインドネシア語で話しかけられたらどうしよう」と一歩も二歩も引いてしまう。

さらに、幼稚園の送迎時、めったにＡさんやＪさんの姿を見ることがない日本人は、「奥さんは下の子の世話でたいへんだから、（上の子の）送り迎え

に来ないのだろうか」とか「（送迎を担当している）旦那さんは仕事をしてないのだろうか」といった疑問を抱いていた。イスラーム文化（女性が一人で外出することは慎まなければならない）は、日本人の目にはこう映る。

このように、イスラームは日本人にとってなじみにくく理解しがたい宗教文化であり、日常生活においてイスラームに触れる機会は少ない現状が浮き彫りになった。したがって、ムスリム女性たちに日本人側から何らかの働きがけをするというよりも、物珍しい存在として眺めるだけになってしまい、関わらないことによる誤解や引いてしまうことによる偏見、ムスリムに対するステレオタイプ的な見方が生み出されてしまう。

(3) そうかと言って、ムスリムへの理解を求めているわけではない

家族で滞日することは単身で滞日するのとは違った課題を抱えるとはいえ、親同士が仲良しであっても、子ども同士が必ずしも仲良しの友達であるとも限らない。当然同じムスリムといえども、親同士もどこの島（国）の出身か、男児の親／女児の親、信仰の度合いなど個別具体的な差異がある。しかし、「ムスリム」と一括りに扱ったり扱われたりすることは、日常生活においてもアカデミックな議論の場においても多々ある。本稿もまた、「ムスリム女性」と括弧を付けて論じること自体が、一括りにして特別視している証拠でもある。括弧をはずしてそれぞれの生き様を読めば、わざわざ括弧を付ける必要があったのかどうか、自省の念にかられる。

しかし実際、ムスリム女性と接すれば接するほど、ムスリムに対する知識や理解がないために、「これは（彼女たちにとって）失礼にあたることではないか」、「これは許されることだろうか」と問うこともしばしば出てきた。あるいは、「ムスリムの背景や文化をもっと知っていたら、もっとあなたを理解することができるのかもしれない」と彼女たちに詫びたこともあった。

背景や文化を知らなければ、わたしたちは何もできないのだろうか。振り返ってみると、彼女たちから「ムスリムについて理解してほしい」とお願いされたことはなかった。多くを知らずとも友達になれる。お酒を飲まずとも話はできる。特別な作法など必要ない。道ばたにゴミが落ちていたら拾うのと同じように、階段を上るのに困っている人がいたらサポートするのと同じように、困っているムスリム女性がいたら「大丈夫ですか」と声をかける。そこから交流が始まるのだ。

ただ、イスラームがいまだマイノリティの日本社会において、あえて「ムスリム女性」と括弧を付けたうえで、われわれ一人ひとりに何ができるかをひとつ挙げるとするならば、彼女たちが「わたしはムスリムなので〇〇ができて××ができません」と気負うことなく言える「空気を創り出す」ことではないだろうか。ムスリム女性と目が合ったとき、見て見ぬふりをしない。すでに共生は始まっているのだから。

6　おわりに――次へと続く人のために、次世代を担う子どものために

ムスリム女性は、次のムスリム女性を呼ぶ。

彼女たちが意識しているのかどうかは定かではないが、彼女たちのつながり方をみて気づかされたことがある。先述の通り、彼女たちは互いに物理的に近い距離に住んでいた。滞日期間も時間的に重なっており、子ども同士が同時期に同じ幼稚園に通っていることもあった。しかし筆者と話をするときに、その場にいないほかのムスリムたちの話をすることはなかった。また、3～4人で集って話すということもなかった。彼女たちのつながり方は、誰か中心人物がいて同心円上に広がるというよりは、順番にバトンパスをしていくようにつながっていた。

ムスリム女性から学ばされた、日本人が見習いたいつながり方のひとつであろう。

　最後に一つ、付言したい。本稿に登場した4人のムスリム女性たちには、来日する前のインドネシアでの生活において、家事・育児を担うお手伝いさんが彼女たちの家に居た。しかしこの点は筆者からたずねない限り、Aさんをのぞいて、自らその話題におよぶことはなかった。さらに、（本稿では登場していないが筆者のもう一人の隣人である）バングラディシュからやって来た留学生によるプレゼンテーションを企画した折、子守りをするお手伝いさんについてEさんが質問をしたことはあったものの、その折も、自分の話としてではなく、一般化しての話であった。

　インドネシアでお手伝いさんが居る生活が普通であった中産階級以上の社会的地位にある女性が、日本へ来て、いきなり一人で家事・育児を担うことは相当のストレスを伴う、とは周知の事実である（有川2016、奥島編2013など）。しかし、この類いの話を直接耳にすることは多くなかった。これは推測であるものの、ムスリム女性の、筆者あるいは日本人に対する謙遜、気遣いに思われる。つまり、ムスリム女性として、この類いの話をすること自体が敬虔なムスリム女性としてあってはならないということである。こういった例に見られるように、ムスリム女性には触れられない話題がやまとあるのだろう。この点はひじょうに重要であり、あらためて一考したいと思う。

　くわえて子育てをテーマにするのであれば、その中心となる子どもの声を聞かずには何も語ることはできない。本稿に登場した子どもたちの幾人かは、「日本へまた来たい、インドネシアにも来てね」と言ってくれた。彼らとの再会を願って子どもの視点に立った論稿をいつの日か描いてみよう。

［注］

1　イスラム教徒のこと。小村（2015）に従い、以下「ムスリム」と表記する。また「イスラム教」は「イスラーム」と表記する。

2　「子ども」とは、『外国人の子ども白書』（2017）に倣い、在留統計上の年齢区分「0〜19歳」で取り出した。

3　たとえば、2017年6月13日のTBS『NEWS23』では「小学校700名の内、400名が外国にルーツのある子」とのタイトルで、横浜にあるNPO法人在日外国人教育生活相談センターでの学習支援事業の取り組みの様子が放映されたり、2017年8月28日の『朝日新聞』では「日本語の指導必要な子4万4千人で過去最高」との見出しで、日本の学校現場が地域をあげて多文化共生に取り組む様子が伝えられたりしている。

4　10年以上にわたるフィールドワークを通じて、日本におけるイスラームの詳細を著している小村が、「このグローバルな時代においても、日本にイスラームが入ってきて根付いているとは考えにくい」「多くの日本人には受け入れられない」（小村2015）と嘆く。

5　筆者もまた、学生時代にインドネシアへ3週間、孤児院建設のために赴いたことがある。

6　2015年6月と2016年7月の2回、Eさんにお願いして複数の日本人の前でインドネシアについてパワーポイントを用いて説明してもらった。

7　たとえば、統計数理研究所「国民性の研究」第13次全国調査（2013年）の「宗教を信じるか」の中で、「あなたは、何か信仰とか信心を持っていますか？」との問いに対して、72％の人が「もっていない、信じていない、関心がない」に答えている。

8　ここ10年の変化をみてみると、2006年（2万4,858人）から2011年（2万4,660人）の5年間では2万5千人弱と安定していたものの、2016年時点では4万2,850人となり、5年間で2万人近く増加している。

9　ちなみに、日本に住むインド人は2万8,667人である。ただしインドは、総人口の79.8％がヒンドゥー教徒であり、ムスリム人口の割合は14.2％であるため、ここでは脚注にとどめる。インド国内でのムスリム人口は1億8000万人を超える。

10　インドネシアからの留学生については、有川（2016）に詳しい。

11　PERSADAは、日本人との関係を維持・強化することを目的として1963年に設立されたボランティア

の非営利組織である。長期にわたり日本へ滞在したことのある人なら誰でも会員になれる（http://www.studyjapan.go.jp/jp/ath/ath03j_06.html）。

12 日本のモスクについては、店田（2015）に詳しい。

13 先述したPERSADAのSidharta Martoredjo会長の言葉から。

14 齊藤（2011）は、モスクでムスリム女性の学校教育に対する意識調査を行い、在日ムスリムの抱える問題を整理している。有川（2016）は、留学生および家族の視点から、家族を呼び寄せて留学生活を送るプロセスついて描いている。インドネシアの留学生Femina Sagita Borualogoは、滞日インドネシア人の主婦を対象に聞き取り調査をして、「滞日主婦のとまどい」と題したコラムを寄せている（奥島編 2013）。筆者もまた、彼ら先達と問題関心を共有している。

15 親族が来日したのは、本稿に登場する人物の中でＥさんの母親（60代前半）だけである。彼女は海外（日本）へ行くことが初めてというだけでなく、これまでバリ島から出たことがなかった。彼女のライフヒストリー（夫を早くに亡くし単身4人の子どもを育てあげた）もまた興味深いが、焦点が逸れるため別稿へ譲りたい。

16 Ｅさんの代わりにＥさんの母親が参加してくれた。

［参考文献］

荒牧重人ほか編（2017）『外国人の子ども白書──権利・貧困・教育・文化・国籍と共生の視点から』明石書店

有川友子（2016）『日本留学のエスノグラフィー──インドネシア人留学生の20年』大阪大学出版会

樋口直人ほか（2007）『国境を越える──滞日ムスリム移民の社会学』青弓社

小村明子（2015）『日本とイスラームが出会うとき──その歴史と可能性』現代書館

丸山英樹（2007）「滞日ムスリムの教育に関する予備的考察」『国立教育政策研究所紀要』136、165-174頁

奥島美夏編（2009）『日本のインドネシア人社会──国際移動と共生の課題』明石書店

齊藤奈穂（2011）「ムスリマの懊悩──在日ムスリムをめぐる教育問題について」板橋区平成22年度第9回櫻井徳太郎賞受賞作 http://www.city.itabashi.tokyo.jp/c_kurashi/035/035204.html

桜井啓子（2003）『日本のムスリム社会』筑摩書房

店田廣文（2015）『日本のモスク──滞日ムスリムの社会的活動』山川出版社

殿村琴子（2008）「外国人子女の「不就学」問題について」『ライフデザインレポート』186、35-37頁

鶴岡章子（2008）「在日外国人母の妊娠,出産および育児に伴うジレンマの特徴」『千葉看護学会会誌』14(1)、115-123頁

（のむら・かえこ）

写真①

INDONESIAN FRIED RICE
(NASI GORENG SPESIAL INDONESIA)

写真②

Putu Ayu Cake
(traditional Indonesia steamed cake)

写真③

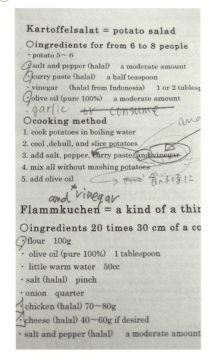

写真④

写真⑤

写真⑥

Yellow Curry Paste

英文要旨

Summary: An Approach to Multicultural Society: From the Life Histories of Indonesian Muslim Women

Keywords: Muslim women, child-rearing, inclusive society

Kaeko NOMURA

(Ryukoku Corrections and Rehabilitation Center)

How can we build up a multicultural society? This paper is a study of child-rearing for foreign Muslim women in Japan. What kind of worries about child-rearing do Muslim women have in Japan and how do they overcome their worries? What kind of pleasures about child-rearing do Muslim women have in Japan and how do they share their pleasures with others? The study conducts life-history research in 4 Indonesian Muslim women who communicate with researcher for a long term. As a result, it is made clear that 4 Indonesian Muslim women raise a family through a trial and error process each and all. In particular, this study derives following conclusion: (1) Muslim women cannot follow a well-known saying, "When in Rome do as the Romans do." They preserve a way of life as Muslim in non-Muslim Japan. (2) Because most Japanese people seldom have an opportunity to be exposed to Islamic culture and Muslim, they are difficult to comprehend by Japanese. (3) It is not that Muslim women ask Japanese or non-Muslim to understand Islamic culture and Muslim. What can we do to Muslim's neighbor? When Japanese or non-Muslim meet Muslim's gaze, Japanese or non-Muslim must not pretend not to see Muslim. We need to build an inclusive society that Muslim women cannot hesitate to perform normal daily activities in non-Muslim Japan.

個別研究

保護観察と退去強制に関する一考察

キーワード：入管法、退去強制、保護観察、仮釈放の法的性質

荻野太司　東海学院大学

1　はじめに

　なぜ受刑者の国際移送制度はあるのに、保護観察対象者の国際移送制度はないのであろうか。国際受刑者移送法の制定の背景には、「改善更生及び円滑な社会復帰を促進することの重要性」[1]への認識がある。確かに矯正段階から、受刑者の社会復帰の重要性にかんがみて、母国に移送し、社会復帰に備える意義は否定できないであろう。しかしその一方で、当然、矯正段階よりも実社会とダイレクトに接点を持つ保護観察の段階において移送し、母国で保護観察を受けることの意義も、「改善更生及び円滑な社会復帰」の観点から看過できないのではなかろうか。

　現状として、たとえば受入移送された受刑者は、共助刑の執行において、仮釈放と保護観察を実施することができ[2]、もし援助や保護が必要となった場合、保護観察対象者であれば応急の救護等を、満期釈放者であれば更生緊急保護の措置を受けることもできる。他方、国際受刑者移送制度の利用に同意せずに裁判国において（仮）釈放後、日本に退去強制（帰国）となった者が、どんなに援助や保護が必要となったとしても、これらの措置を受けることができない。

　また仮に、応急の救護等及び更生緊急保護の措置を純粋な利益処分と解さず、たとえそれらの措置を実施しなかったとしても不利益とはならないと解したとしても、合理性または平等性の観点から疑問が生じる。周知のようにすくなくとも日本では外国人（本稿では、日本国籍を有しない者を指す）に対して保護観察の処分よりも退去強制手続が優先しており、「保護観察の付かない執行猶予は、事実上、刑の免除ないし赦免と同様なものであり、保護観察の付かない仮釈放は、確定釈放と同様なもの」であるため、「自国民と外国人とを区別して扱うことの不合理・不平等」が生じているといえよう[3]。

　このような問題状況について事実学の側面からは、日本における外国人に対する保護観察の更生上の成否の問題や、外国で保護観察を受ける日本人の更生上の成否の問題、保護観察を受けないことが更生にどのような影響を及ぼすのかという問題等を検討することができるであろう。

　他方、規範学としては、受刑者を退去強制の対象とせずに、なぜ保護観察対象者は対象とするのか、なぜ保護観察の手続よりも退去強制手続を優先するべきなのか、そして受刑者であれば自己決定に基づいて母国に移送されうるのに[4]、保護観察対象者にはそれができないのかという問題等を検討の対象とすることができるであろう。

　前者の問題の中でも、日本における外国人への保護観察に関する研究は、これまで法務省[5]や実務家[6]によるいくつかの研究がある。しかし後者の

規範学的問題に対する検討は、これまで保護観察よりも退去強制手続が優先されることが当然の自明の論理とされてきたこともあり、管見の限りほとんどみることができない。

従前から生じている問題状況（保護観察よりも退去強制手続が基本的に優先されているために、退去強制される外国人にとって事実上、執行猶予は刑の免除ないし赦免と同様であり、仮釈放は確定釈放と同様であるという問題）はもとより、国際受刑者移送法が制定されたことにより、矯正段階では国際移送可能であるに関わらず、保護段階ではそれができないという問題も加わり、その問題性は高まったといえよう。

それゆえ本稿は、保護観察対象者の国際移送を最終的な視座に置きつつも、まず日本における外国人への保護観察と退去強制をめぐる法的問題について概観、検討し、今後保護観察対象者の国際移送制度の検討する上での示唆を得ることを目的としたい。そこで、まず第1章では、出入国管理及び難民認定法（以下、入管法）における保護観察対象者の位置づけについて紹介する。ついで第2章では、前章での紹介を踏まえて、3号観察の問題に特化して刑事手続と退去強制手続の調整規定である入管法63条2項の解釈について、刑事法上の仮釈放の法的性質や目的に関する先行研究を踏まえながら検討を行うことにしたい。

2　保護観察と入管法

なぜ受刑中は、退去強制手続が執られないのにもかかわらず、仮釈放となった途端に退去強制手続を執ることができるのだろうか。この点について考えるためには当然、まず入管法が保護観察（対象者）をどのように位置づけ、取り扱っているのかということを参照し、整理しておく必要がある。

そこで本章では、まず(1)入管法上の退去強制手続について、ついで(2)入管法における保護観察に関連する規定に参照する。そして(3)保護観察の各類型ごとに、退去強制事由との関係について整理し、(4)の小括においてまとめを行うこととしたい。

(1)　保護観察対象者と退去強制手続

そもそも、入管法24条の退去強制事由に該当すると思われる外国人がいた場合には、入国警備官により違反調査が行われる。この違反調査により、出国命令対象者（入管法第24条の3）に該当した場合、入国審査官により退去強制対象者に該当するかどうか違反審査が行われる[7]。他方、入国警備官による調査によって容疑なしとなった場合は放免され、容疑ありとなった場合には基本的に全件収容主義の下、収容され入国審査官による違反審査が行われることとなる。

なお、退去強制手続を規定する入管法に「保護観察」の文言はない。つまり保護観察を受けること自体は退去強制事由とはならない。次項において後述するが、1号観察、2号観察、5号観察であれば、その保護処分や補導処分を受ける契機となった非行や売春防止法上の違反が、3号観察と4号観察であればその処分を受ける契機となった刑事処分が、入管法24条に規定される退去強制事由に抵触する場合に、退去強制手続が開始されることになる。

入国警備官による違反調査は、一般人からの通報を端緒とする場合もあるが（入管法62条1項）、保護観察対象者で退去強制事由に該当すると思料される場合で、1号観察と4号観察の対象者の場合には、国又は地方公共団体の職員により通報が行われ（同法62条2項）、他方2号観察、3号観察、5号観察の対象者の場合には、地方更生保護委員会により通報が行われる[8]。

基本的には全件収容主義により、それらの保護観察対象者は、収容され入国審査官の審査を受け

て、退去強制事由に非該当と認定されれば放免（在留継続）され、出国命令対象者に該当と認定されれば、主任審査官に通知がなされ出国命令書が交付され出国となる。他方、退去強制事由に該当と認定された場合、その認定に異議がなければ、退去強制令書が発付され送還となる。それに対して、認定に異議のある場合は、さらに特別審査官による口頭審査が行われ、認定の誤りと判定されれば、放免か出国命令の手続が執られることになり、逆に誤りなしと判断された場合、その判断に対して法務大臣に異議の申出を行い、その裁決を受けることとなる（異議がなければ退去強制手続が執られ送還となる）。

法務大臣に対する異議の申出に対して、法務大臣が理由ありの裁決を下せば放免か出国命令の手続が執られることになり、理由なしとなった場合には、特別に在留を許可する事情があるか否かが検討され、その事情があれば、在留特別許可が付与され、なければ退去強制手続が執られ送還となる。なお、在留特別許可は、入管法50条（法務大臣の採決の特例）に基づき、法務大臣の自由裁量により付与される[9]。具体的には、永住許可を受けているとき（同条1項1号）、かつて日本国民として本邦に本籍を有したことがあるとき（同条1項2号）、人身売買などにより他人の支配下に置かれた状態で日本に在留しているとき（同条1項3号）、その他法務大臣が特別に在留を許可すべき事情があると認めるとき（同条1項4号）に在留特別許可が付与される。

入管法50条1項のいずれの場合も、保護観察対象者は在留特別許可の事由に該当する可能性があると思われるが、特に問題となるのは、4号の「特別に在留を許可すべき事情があると認めるとき」がいかなる場合かということであろう。

これについて法務省入国管理局は、「在留特別許可に係るガイドライン」[10]において、許否判断に係る考慮事項の消極的要素として、「重大犯罪等により刑に処せられたことがあること」（特に考慮する消極要素）、「その他の刑罰法令違反又はこれに準ずる素行不良が認められること」（その他の消極要素）が、掲げられており、保護観察対象者にとって不利な要素となっている[11]。

以上が、入国管理局による退去強制手続である。続いて、入管法において文言上保護観察に関連する5つの規定を順にみていくことにしよう。

(2) 入管法の保護観察に関する規定
① 第24条4号リ　退去強制

第24条は、「次の各号のいずれかに該当する外国人については、次章に規定する手続により、本邦からの退去を強制することができる」として、外国人を退去強制することができる「国家の権能」を規定して、さらに「犯罪を犯し一定の刑に処せられる等日本国にとって有害な行為を行った外国人など、出入国管理秩序、社会秩序、日本国の治安・利益等の観点から好ましくないと認められる外国人の類型」を、本条において列挙して、いずれかに該当する外国人について、入管法に定める手続により、退去の強制をできることを規定している。

なおそもそも退去強制とは、「日本国が日本社会にとって好ましくないと認める外国人を強制力をもって国外に排除する作用」のことであり、「国家が自国にとって好ましくないと判断する外国人を追放する権利を有することは、確立した国際慣習法である」と理解されている[12]。

保護観察対象者が、退去強制事由に該当するか否かは、次項において紹介するので、本項ではその説明は省略する。また退去強制の本来の趣旨（「有害な行為を行った外国人の国外への排除」）から判断して、いかなる外国人犯罪者や外国人非行少年を退去とすべきかという問題は、犯罪者処遇の矯正から保護へと至る処遇の過程における有

害性がどのように変化するのかと事実の側面からも検討するべきであろう。この問題については、本章の(4)小括で検討することにしたい。

② 第25条の2　出国確認の留保

第25条の2は「入国審査官は、本邦に在留する外国人が本邦外の地域に赴く意図をもつて出国しようとする場合において、関係機関から当該外国人が次の各号のいずれかに該当する者である旨の通知を受けているときは、前条の出国の確認を受けるための手続がされた時から二十四時間を限り、その者について出国の確認を留保することができる」と定め、留保することができる事由のひとつとして、同条2号において「禁錮以上の刑に処せられ、その刑の全部につき執行猶予の言渡しを受けなかつた者で、刑の執行を終わるまで、又は執行を受けることがなくなるまでのもの（当該刑につき仮釈放中の者及びその一部の執行猶予の言渡しを受けて執行猶予中の者を除く。）」と規定している。

つまり、「刑の全部につき執行猶予の言渡しを受けた者」、「仮釈放中の者」、「刑の一部の執行猶予の言渡しを受けて執行猶予中の者」については、たとえ保護観察の遵守事項が付されていたとしても、出国確認の留保がされず、出国することが可能である。

本条は、出国確認留保制度について規定したものであり、その趣旨は「未だ刑の執行が終了していない外国人」等の「国外逃亡の防止を目的とし、これらの者の出国確認の手続を一定時間留保し、その間に関係機関が所要の措置を取る機会を与えることにより我が国の刑事司法が有効に機能できるようにする」ことにある。

③ 第62条　通報、第64条　身柄の引渡

第62条4項は「地方更生保護委員会は、第一項の外国人が刑の執行を受けている場合又は少年法第二十四条第一項第三号の処分を受けて少年院に在院している場合若しくは売春防止法第十七条の処分を受けて婦人補導院に在院している場合において、当該外国人について仮釈放又は仮退院の許可決定をしたときは、直ちにその旨を通報しなければならない」として、地方更生保護委員会の通報の義務を規定している[13]。

さらに第64条2項において「矯正施設の長は、第六十二条第三項又は第四項の場合において、当該外国人に対し収容令書又は退去強制令書の発付があつたときは、入国警備官による収容令書又は退去強制令書の呈示をまつて、釈放と同時にその者を当該入国警備官に引き渡さなければならない」と規定している。

つまり仮釈放者、仮退院者の場合、地方更生保護委員会に「通報」の義務を、矯正施設の長に「身柄の引渡」の義務を課している。これらの規定の趣旨は、「仮釈放又は仮退院に当たって、入国管理当局による収容令書又は退去強制令書の執行が確実に行われること」を確保し、さらに「刑の執行手続等による身柄の拘束からの釈放と同時に退去強制手続による身柄の拘束に移行させることとして、その間の身柄の拘束に、法的空白を作らないようにする」ことであるとされている[14]。

④ 第63条2項　刑事手続との関係

第63条1項は「退去強制対象者に該当する外国人について刑事訴訟に関する法令、刑の執行に関する法令又は少年院若しくは婦人補導院の在院者の処遇に関する法令の規定による手続が行われる場合には、その者を収容しないときでも、その者について第五章（第二節並びに第五十二条及び第五十三条を除く。）の規定に準じ退去強制の手続を行うことができる」と、刑事手続等と並行して退去強制手続を執行できることを規定している。

そしてその一方で同条2項は、刑事手続等と退去強制手続の競合を調整するために「前項の規定に基き、退去強制令書が発付された場合には、刑事訴訟に関する法令、刑の執行に関する法令又は

少年院若しくは婦人補導院の在院者の処遇に関する法令の規定による手続が終了した後、その執行をするものとする」と規定している。

そもそも、本来的には司法作用である刑事手続と行政作用である退去強制手続は、「それぞれ別個の作用であって、相互に干渉しないのが原則である」が、次項で説明するように、「現実問題としては、外国人の退去強制事由の多くがそのまま刑罰事由とされていること、刑罰法令に違反して一定の刑に処せられた者等が退去強制事由とされていることなどの事情から、二つの作用が競合する場合がある」。それゆえ、「双方が強制力により、身柄を確保してそれぞれの目的を実現しようとする場合の競合については、合理的に調整される必要」があり、その調整を目指すのが、本条の目的である[15]。

ここで保護観察との関連において、本稿が重要であると考えるのは、ⓐなぜ退去強制手続よりも刑事手続が優先されるのかということ、ⓑ条文中の「刑の執行」が、犯罪者処遇のどの時点までの、またはどの内容まで「刑の執行」を含むのかということである。この点について、次章において検討することとしたい。続いて保護観察の各類型ごとに、退去強制事由との関係について整理する。

(3) 保護観察と退去強制事由
① 1号観察
　1号観察の対象者は、非行により家庭裁判所で保護観察処分に付された少年である。その保護処分そのものは、退去強制事由に該当しない。仮に、保護処分を受ける契機となった非行が、同法24条4号ヌの「売春又はその周旋、勧誘、その場所の提供その他売春に直接に関係がある業務に従事」していたり、入管法違反等に関連していた場合には、退去強制手続が行われることになる。
② 2号観察
　2号観察の対象者は、非行により家庭裁判所から少年院送致の処分を受け、その少年院から仮退院となった少年である。1号観察と同様に、保護処分そのものは退去強制事由に該当しないが、その非行が同法24条4号ヌや、入管法違反等に関連していた場合には、退去強制手続が行われることになる。

なお、「少年院に在院する来日外国人非行少年の中には仮退院又は退院後に退去強制となる者が見られる」が、これは「基本的には在留期間を経過したことが原因である」と考えられている（入管法24条4号二）。法務省の少年院での聞き取り調査によれば、「在院中に在留期間の更新が不許可となったため在留期間が経過し、(仮)退院後、入国管理局へ引き渡され、退去強制の手続が執られる少年が見られる一方、在院中に在留期間の更新が許可され、(仮)退院後も本邦に在留する少年も見られた」という[16]。

③ 3号観察
　3号観察は、懲役又は禁錮の刑に処せられ、仮釈放を許された者である。入管法24条は退去強制事由として一定の犯罪と受刑を定めているが、なかでも受刑を要件として、仮釈放者と直接的に関連しているのは、次の規定である。それは、同条4号二（旅券法に定める旅券等の偽変造等に係る罪により刑に処せられた者）、ホ（集団密航助長罪等により刑に処せられた者）、ヘ（外国人登録に関する法令違反で禁錮以上の刑に処せられたもの）、ト（少年法に規定する少年で長期3年を超える懲役又は禁錮に処せられたもの）、チ（麻薬及び向精神薬取締法等の規定に違反して有罪の判決を受けた者）、リ（その他）、4号の2、4号の4であり、これらに掲げられたいずれかの罪を行い、懲役又は禁錮の刑に処せられ、仮釈放された場合、退去強制の対象となりうる（なお特別永住者は、日本国との平和条約に基づき日本の国籍を離脱した者等の出入国管理に関する特例法22条に基づき、限定された犯

表　保護観察対象者と入管法諸規定

	少年	仮退院	仮釈放	執行猶予	婦人	刑の一部猶予	満期釈放者
保護観察	1号観察	2号観察	3号観察	4号観察	5号観察	一部猶予	φ
誰が決定？	司法	行政	行政	司法	行政	司法or行政	司法
退去強制事由にあたるか？	×	×	○（在留資格により例外あり）	△（罪による）	○	△	○
出国確認の留保があるか？	×（規定なし）	×（規定なし）	×	×	×（規定なし）	×	×
通報の義務があるか？	△	○	○	△	○	○	○
退去強制率[17]	1%	5%	93%	8%	φ	φ	φ

罪と受刑が退去強制事由となっている）。

④　4号観察

　4号観察の対象者は、刑の執行猶予とあわせて保護観察付の言渡しを受けた者である。上記のように、入管法24条は一定の犯罪と受刑を退去強制事由として定めているが、なかでも「処せられた」ことを要件として保護観察付執行猶予者と直接的に関連しているのは、入管法24条4号ニ、ホ、ヘ、ト、チ、4号の2、4号の4である。なおここでいう「処せられた」は、「その刑を言い渡した判決が確定することを要するが、刑の確定があれば足り、刑の執行を受け、又は刑の執行を終えている必要はない」と理解されている。それゆえ執行猶予者も退去強制の対象となりうる。

　他方、入管法24条4号リは、「ニからチまでに掲げる者のほか、昭和二十六年十一月一日以後に無期又は一年を超える懲役若しくは禁錮に処せられた者」を退去事由とする一方で、但し書きにおいて、「ただし、刑の全部の執行猶予の言渡しを受けた者及び刑の一部の執行猶予の言渡しを受けた者であつてその刑のうち執行が猶予されなかつた部分の期間が一年以下のものを除く」として、刑の全部執行猶予者、および刑の一部執行猶予を受けた者のうち実刑期間が1年以下の者は、退去強制事由から外されている。

⑤　5号観察

　5号観察の対象者は婦人補導院からの仮退院者である。婦人補導院への補導処分については、売春防止法第17条に「第五条の罪を犯した満二十歳以上の女子に対して、同条の罪又は同条の罪と他の罪とに係る懲役又は禁錮につきその刑の全部の執行を猶予するときは、その者を補導処分に付することができる」と規定されている。

　つまり売春防止法5条の罪（勧誘等）（に加えて犯された同法6条から13条に掲げられた罪）が、入管法24条4号ヌ（売春その他売春に直接関係する業務に従事する者）の退去強制事由に抵触すると考えられ、婦人補導院からの仮退院後に、5号観察対象者に退去強制手続が執られる。

(4)　小括

　以上雑駁ではあったが、入管法の保護観察に関する規定を参照した。これをまとめたのが上記の**表**である。

　まず注目すべきは、矯正施設からの退所の場合、つまり2号観察、3号観察、5号観察、刑の一部執行猶予および満期釈放の対象者の場合には、地方更生保護委員か矯正施設の長に、通報の義務が

課せられていることである。なかでも2号観察は、少年院収容と一体となった保護処分として行われており、保護処分そのものは退去強制事由ではないことはすでに触れた通りである。退去強制事由に該当しないにもかかわらず、地方更生保護委員会に対して2号観察対象者を一律に通報する義務を課した考えうる理由は、在留許可の更新ができなかった可能性がある。しかし、約95％の外国人2号観察対象者（少年院仮退院者）が退去強制となっていない現実を考えると、一律に通報義務と身柄の引渡の義務を課すことに合理性を認めにくい。

また退去強制率の観点からいうと、保護観察の未実施が特に問題となるのは3号観察の場合である。そもそも入管法の退去強制の制度の趣旨は「有害な行為を行った外国人」を日本国外に追放することにある。当然1号観察、2号観察は保護処分であり、執行猶予となった4号観察対象者よりも実刑判決を受け刑事施設から仮釈放になった3号観察対象者の方が、日本の社会への「有害」性は高く、退去強制となる可能性が高いということは合理的である。

他方、刑事収容施設及び被収容者等の処遇に関する法律の目的は「刑事収容施設の適正な管理運営を図るとともに、被収容者、被留置者及び海上保安被留置者の人権を尊重しつつ、これらの者の状況に応じた適切な処遇を行うことを目的とする」ことにある。保護観察対象者その人、個人を時系列でみたときには、刑事施設における「適切な処遇」による「改善更生」上の効果を否定しない限り、一般的には収容の開始時よりも、釈放時の方が、「有害な行為」を行う可能性は当然低いものと思われる。つまり、退去強制制度の趣旨に反して、「刑罰権の実現」という理由のもとに、「有害な行為」を行う可能性が高い時点（裁判段階、矯正段階）で退去させず、可能性が低くなった時点（保護段階）で退去させているのが現状である。

本稿ではこの問題により焦点を当てるために、退去強制率の高い3号観察の問題に特化して、以下、退去強制手続と刑事手続の調整規定である入管法63条2項について、刑事政策学上の先行研究を踏まえて、検討することにしたい。

3 保護観察と入管法63条の解釈

(1) 刑事手続の優先の根拠

そもそもなぜ、退去強制手続よりも刑事手続を優先させるべきなのか。先行研究によれば根拠は次の3点である。まず1点目は、社会安全・秩序における重要性である。国家刑罰権は「社会の安全及び個人の法益を侵害した者に対して刑罰を科する権限であるため、社会安全・秩序にとって重要な要素であり、したがって、国家行政権よりも重視すべき」[18]というものである。

ただしこの主張に対しては、多くの退去強制事由が刑罰法規を根拠としていることからもわかるように、入管法自体も日本国の「社会安全・秩序にとって重要である」ことには変わりがなく、また退去強制が「日本国が日本社会にとって好ましくないと認める外国人を強制力をもって国外に排除する作用」であるため、すくなくとも当該外国人による再犯の可能性は除去できるため刑事政策上の再犯の予防効果も否定できない。

2点目は、両手続の順番の問題である。つまり「退去強制手続は、収容及び送還部分を除き刑事手続による身柄の拘束中でも進めることができ、退去強制令書の執行は、刑の執行の終了等その身柄の拘束が解かれた後でも入国管理当局においてその身柄が継続して確保されれば可能であるのに対して、刑罰権の実現はひとたび被疑者が国外に退去されてしまうと極めて困難となる」ことが挙げられる[19]。

この主張に関して争点となるのは、その「刑罰権の実現」がどこまでの「実現」を求めるのかということ

である。後述するが通説では、仮釈放後も保護観察対象者は法律上の地位は刑の執行に服している状態にあり、そのような者を退去強制させることが、果たして「刑罰権の実現」といえるかどうかは疑問がある。また保護観察の手続を優先させ、身柄の拘束を解かれた後に逃亡等の理由により退去強制令書の執行が困難になるか否ということについては、実際にそのような可能性が生じるか、事実学的検討を要するだろう。

(2) 外国人と仮釈放の要件

仮釈放の要件として刑法28条は、「懲役又は禁錮に処せられた者に改悛の状があるときは、有期刑についてはその刑期の三分の一を、無期刑については十年を経過した後、行政官庁の処分によって仮に釈放することができる」と規定している。外国人受刑者の場合、「有期刑についてはその刑期の三分の一を、無期刑については十年を経過した後」という形式的要件については、日本人のと差が生じることは考えにくい。

その一方で、「改悛の状があるとき」という実質的要件については、検討を要する。「改悛の状」とは、「悔悟しているかどうかという本人の内心的状態だけではなく、再犯することなく、社会人としての自立生活が可能であると認められる客観的状態」を意味している[20]。外国人の「出身国の文化や宗教、司法制度の違い」によっては、当然日本人とは「改悛」の示し方が異なる可能性があり、その判断において不利になりうることも先行研究において指摘されている[21]。

なお更生保護法の下位法令である「犯罪をした者及び非行のある少年に対する社会内における処遇に関する規則」の28条1項は、さらに詳細に仮釈放許可の基準として、「悔悟の情及び改善更生の意欲があり、再び犯罪をするおそれがなく、かつ、保護観察に付することが改善更生のために相当であると認めるときにするもの」と規定している[22]。この規定に基づいて外国受刑者の仮釈放を判断するときに、問題となるのは、「保護観察に付することが改善更生のために相当である」の一文である。「保護観察に付すること」が実質的にない外国人受刑者の状況において、「改善更生のために相当である」との判断ができるのか強い疑問が残る。現状において地方更生保護委員会が、保護観察に付されない状況を知りながら、「改善更生のために相当」との判断で仮釈放を行っているとしたら、それはまさに「消極的処遇主義」であると言わざるをえない[23]。

裁判所で自由刑を言い渡された外国人で、日本人と異なる処遇を必要とする者は、F指標受刑者（犯罪傾向が進んでいない者がFA、進んでいる者がFB）として、刑事施設に収容されている。一般的にこのF指標受刑者の仮釈放率は日本人比して高いことが指摘されている。仮釈放率がA指標受刑者は75.1％であるのに対してFA指標受刑者は81.5％、B指標受刑者は37.8％であるに対してFB指標受刑者は60.2％となっており、いずれも非常に高いといえよう[24]。

このF指標受刑者の高い仮釈放率の背景には、外国人3号観察の対象者の多くが仮釈放後に退去強制になっていることを考えると、「日本に再入国できないことから、日本国民の税金を使ってまで処遇を行う必要はないという消極的姿勢」のもとに、「F指標受刑者を早期に釈放しようという実務があることは明らかである」ことが指摘されている[25]。

(3) 「仮釈放」の目的と法的性質について

これまで仮釈放の意義は、次のように理解されてきた。それは、ⓐ収容者に励みを与え、施設内での努力の喚起と秩序維持に役立つ、ⓑ収容者の変化向上に合わせて刑の執行期間を個別に調整できる、ⓒ仮釈放に続く監督によって再犯から社会を保護することができる、ⓓ適期の釈放と社会内処遇に

よって更生を促進する、ⓔ施設の過剰拘禁緩和機能、ⓕ国の財政負担軽減機能である[26]。

外国人3号観察対象者の場合、ⓐとⓑの意義に関しては、現在受刑段階において本人の意思により受刑者国際移送制度を利用しうるので、限定であると思われる。ⓒとⓓに関しては、3号観察対象者の場合、退去強制となる可能性が非常に高く、その後の支援やフォローが行われていないことを考えると、やはり期待できない。ⓔとⓕに関しては、早期釈放したうえに保護観察にかかわるコストも不要となるので、その意義は大きいと思われる。しかしその一方で処遇が行われないゆえ更生の観点からは疑問が残り、再犯により再度刑事施設に入所した場合のコストはむしろ大きい可能性がある。つまり退去強制を前提とした外国人にとっての仮釈放の意義は非常に限定的であると言わざるをえない。

次に仮釈放の法的性格は、学説上以下の3説に大別される。まずⓐ仮釈放をもって行状の良好な受刑者に対する褒賞ないし恩恵として刑期満了前に条件付きで釈放するものであり、必ずしも更生の目的とは直結しないという「恩恵説」、次にⓑ仮釈放は、緩和された形における刑の執行の一形態であり、単に刑事施設の拘禁を解いただけで、法律上の地位は、刑の執行に服しているものとし、仮釈放は刑の執行の形態を変更したものにすぎないものであるという「刑の執行の一形態説」、そしてⓒ仮釈放を刑の執行猶予とパラレルに考え、残りの刑期の執行を猶予されたものであるという「刑の一形態説」の3説に分かれる。

今日通説上、仮釈放は、ⓑの「刑の執行の一形態」であると理解され、運用されている。それゆえ、たとえ仮釈放されたとしても、法律上は刑に服している状態であり、「仮釈放中も刑期が進行し、残刑期間が経過したときは、刑の執行を終了したこと」になり、「仮釈放者に対する保護観察の期間も、仮釈放の期間、すなわち残刑期間に限定される」ことに

なる（残刑期間主義）[27]。

この考えに対しては、保護観察期間が残刑期間に限定されることから十分な更生のための期間が取れないことが批判され、再犯の危険性に応じて保護観察期間を定めようとする刑の一形態説が主張されている（考試期間主義）。その一方で、考試期間主義に対しては、「刑の一形態」である執行猶予を、「行政機関である地方委員会の権限で行うことが許されるのかという疑問」が提示されている[28]。

通説である残刑期間主義に従うならば、仮釈放は身柄の拘束が解かれただけであり、法律上の地位は、刑の執行に服しているものであるから、入管法63条2項にいう「刑の執行」に該当するものと当然考えられる。しかし問題となるのは同条の「刑事訴訟に関する法令による手続」の解釈と同様に、身柄拘束が行われているときに限定して、退去強制手続よりも刑の執行に関する法令の規定による手続が優先するか否かということである。次項においてこの仮釈放の法的性質に関する先行研究を踏まえて、入管法63条2項の解釈について検討を行うことにしよう。

(4) 制限適用説と全面適用説

すでに述べたように、入管法63条2項は、「刑事訴訟に関する法令、刑の執行に関する法令又は少年院若しくは婦人補導院の在院者の処遇に関する法令の規定による手続」と退去強制手続の調整規定である。これまでこの規定をめぐって、特に「刑事訴訟に関する法令の規定による手続」の意味内容について2つの見解が対立してきた[29]。それは「刑事訴訟に関する法令の規定による手続」を、身体拘束を伴う刑事訴訟手続と解する制限適用説、すべての刑事訴訟手続と解する全面適用説である。すでにこれらの見解に対してはいくつかの先行研究があるゆえ[30]、本稿では屋上屋を架すことを避け、保護観察に関連するであろう議論に特化して、制限

適用説と全面適用説について紹介することにしたい。

① 制限適用説

制限適用説は、入管法63条２項の「刑事訴訟に関する法令の規定による手続」を、身体拘束を伴う刑事手続と解する説であり、具体的には、刑事訴訟手続が退去強制手続に優先するのは、被疑者や被告人を逮捕・勾留している場合に限るという説である。

その代表的な根拠は、入管法制の収容前置主義に基づいて説明される。そもそも入管法は、退去強制手続を進めるに当たり、容疑者をすべて収容するという収容前置主義（原則収容主義）を採っている[31]。そして同法63条１項は、その収容前置主義を前提としつつ、刑事訴訟手続の進行により「その者を収容しないとき」であっても、退去強制手続を執りうるという、収容前置主義の例外を規定していると解されている。

これを受けて、同条２項の冒頭の「前項の規定に基き、退去強制令書が発付された場合」という文言は、刑事訴訟手続による身柄拘束のために収容されずに退去強制令書が発付された場合」という意味に解釈され、それゆえ「身柄が拘束されている被疑者や被告人については、刑事訴訟手続が強制送還手続よりも優先するが、保釈中の被告人については、刑事訴訟手続が進行中であっても、強制送還の執行ができる」というものである[32]。

この説明のほかにも、たとえば土本武司は[33]その根拠として、次の５点を挙げている。それは、(i)「三権は独立しかつ平等」であるゆえに、「行政機関が行う退去強制手続と司法機関が行う司法手続との間に優劣はなく、ただ複数の国家作用が同一人物に向けられて競合する場合、それが強制力を持つ場合に限って法令による調整を必要とし入管法63条１項と２項はその限度における調整規定である」と解すべきこと、(ii)同条１項が列挙する、「刑事訴訟に関する法令」以外の法令が、いずれも基本的に身柄拘束を前提としていることから、「刑事訴訟に関する法令」も身柄拘束が採られる手続のみを意味していると解すべきであること、(iii)「外国人の出国の自由は国際慣例上認められた権利であるが、全面適用説はこの権利を侵害するおそれがあるのみならず、わが国益に反するとしてわが国からの退去を命ぜられたものを刑事手続未了という理由のみで本邦に在留させることは、正規在留者との間に均衡を欠くことになること」、(iv)「同法65条が、刑訴法247条の事件送致の原則に例外を認め、司法警察員から入国警備官への身柄引き渡しを認め」ており、このことが刑罰権実現よりも退去強制の実現を優先させようとするものであると理解できること、(v)「任意捜査の中には内部に行われ外部からは捜査が開始されたか否か識別しがたい内偵等も含まれ」、全面適用説を採ると、「刑事訴訟に関する法令の規定による手続」の「範囲が極めて不明確になり、手続が極めて煩瑣になる」ことの５点である。

② 全面適用説

全面適用説は、入管法63条２項の「刑事訴訟に関する法令の規定による手続」を、身柄拘束の有無を問わず、あらゆる刑事手続と解するものであり、具体的には、常に刑事訴訟手続が退去強制手続に優先すると考える説である。

その根拠として(i)「身柄拘束の有無によって刑事処罰に差異が生ずるのは公平を欠き正義に反すること」、(ii)「公判継続中の被告人を裁判途中に送還させることは、憲法32条、37条が定める被告人の裁判を受ける権利を侵害することになる」こと、(iii)「同じ国家機関が一方で刑罰権を行使しようとしているのに、他方がこれを妨げる処分をなし得るというのは矛盾であること」の３点が挙げられる[34]。

4　若干の考察

　以上、入管法63条２項をめぐる解釈について簡単ではあったがその根拠を中心に紹介した。判例も制限適用説と全面適用説に分かれているが[35]、法務省および通説的見解は、制限適用説である。

　すでに繰り返し述べたように、これまで入管法63条２項の解釈論は、「刑事訴訟に関する法令の規定による手続」の範囲をめぐり、身柄拘束が行われる手続に限定されるか否かというものに限定されてきた。しかし、当然その他の手続、つまり「刑の執行に関する法令又は少年院若しくは婦人補導院の在院者の処遇に関する法令の規定による手続」にも、身柄拘束が行われるものとそうでないものがあり、退去強制手続との競合が問題となりうる。

　「刑の執行」に限定して述べると、条文上「刑の執行」のどの時点まで、退去強制手続が優先されるかは明記されていない。仮に解釈上、制限適用説を採ると、「身柄の拘束」を基準として優先順位を考えることになるので、当然身柄が拘束されない保護観察よりも、退去強制手続が優先されることになる。その場合は、外国人の場合だけ仮釈放に保護観察が実質的につかないことになり、仮釈放が確定釈放と同様になってしまうため、刑罰権の完全な実現を成しえないことになり、その結果、自国民と外国人との間に不平等な状態が生じるといえよう。そしてそれは言及したように、退去強制の本来の趣旨に反して、「有害な行為」を行う可能性が高い時点（裁判、矯正段階）で退去させず、引く時点になってから退去させるという矛盾が生じることになる。

　他方、全面適用説を採れば、身柄拘束の有無を問わないので、仮釈放に３号観察は残刑期間の終了まで実施しうることになる。つまりそれは、終了まで刑を執行しうることになり、刑罰権の実現を果たしうる。それゆえ、刑事政策学上の仮釈放の法的性質の通説的理解とも整合性を図ることが可能である。退去強制による保護観察の未実施を解消し刑事政策学上の仮釈放の理解と入管法63条２項との整合性を図るならば、制限適用説よりも全面適用説が望ましいと思われる。しかしこの場合、多くの問題がある。それはたとえば、国外への退去強制が予定されている外国人に対して日本国内で、国費を使い保護観察を行うことに理解が得られるかどうか、その保護観察がどのくらいの感銘力を持ち、更生に寄与しうるかどうか、そして帰住先、就労、保護観察官、保護司とのコミュニケーションをどうするのか、といった現実的な問題である。

　つまり上記のいずれの説を採ろうとも、問題が生じないわけではない。しかし終了していない刑罰があたかも終了したかのように扱われている現状を変えるためには、保護観察の執行共助を求める国際移送制度を導入する必要性があるとともに、仮に保護観察終了後にたとえ退去強制が予定されていたとしても、日本における保護観察を実施するための制度作りを立法論として行うしかないだろう。

　ただし、受刑者の国際移送制度の運用状況からも推察されるように、仮に保護観察対象者の国際移送制度が創設されたとしても、すべての外国人保護観察対象者が制度に適合し移送されるわけではない。依然として既存の退去強制と外国人への保護観察は実施されうることになり、制度が創設されたとしてもやはり保護観察の手続と退去強制手続の競合は生じることになる。

　また、受刑者の国際移送であれば、身体の拘束中に移送が実施されるので、制限適用説を採ったとしても「刑の執行に関する法令の規定による手続」が優先され競合は生じないが、他方、拘束が解かれた保護観察段階において国際移送する場合はどうか。仮に制限適用説を採ると、身体拘束が解かれた段階では、退去強制手続を「刑の執行に関する法令の規定による手続」よりも優先させることになるにもかかわらず、なぜ「刑の執行」に関連す

る保護観察の国際移送を優先して行うことができるのか、新たな理由付けが必要となるであろう。

いずれにしても、国際移送制度は、法解釈上の根本的な問題解決にはつながらない。もし仮に日本が「多文化共生」を志向するのであれば、全面適用説を採用しつつ、本人の意思に基づいた国際移送制度を創設しながらも、日本国内における外国人への保護観察を充実させ、既存の現実的課題を解決する方向を模索し、退去強制は極力謙抑的に実施するべきであると本稿は考える。なぜなら退去強制は、実質的に「追放刑」と同様に機能しうるし、その効果は時として本人以外の家族にも及びうるからである。

5　むすびにかえて

これまで、仮釈放され退去強制となる外国人の受刑者、また国外で仮釈放され退去強制となった日本人受刑者に保護観察が行われないことは、所与の前提であった。近年これだけ、更生保護をめぐり犯罪を行った者への支援について熱い議論が行われているなかで、なぜ外国人に対する保護観察は、一部の論者を除いて看過されてきたのか。

一つには予算の点が挙げられるかもしれない。施設内処遇に比べて社会内処遇は当然費用がかからない[36]。日本に社会復帰することのない外国人に対して、施設内において多くの税金を使い処遇を行うことには、当然強い批判が予想され、まさにこの批判により矯正段階における国際移送制度の成立に影響を及ぼしたのかもしれない。他方保護段階の場合、多くは退去強制となっているうえに、仮に保護観察を実施したとしても、施設内処遇に比して費用はかからず、施設内処遇に比べれば強い批判は予想できない。

しかし現状では退去強制の趣旨に反し、「有害な行為」を行う可能性が高い段階（裁判、矯正段階）では退去強制を行わず、釈放段階で「悔悟の情及び改善更生の意欲があり、再び犯罪をするおそれがない」者を積極的に退去している。これは大きな矛盾であり、太田達也が指摘するように、まさに消極的処遇主義と言わざるをえない。

本稿では、入管法63条２項の解釈についての先行研究を基に、「刑の執行」がどの内容のものまで含むべきか考察を行い、いずれの説を採ったとしても、解釈上の問題や現実的問題が生じることを指摘した。

他方今後の課題としては、保護観察対象者による在留特別許可をめぐる訴訟の裁判例について、どのような法理に基づいて結論が導かれているのか、つまりどのようなケースであれば退去強制となり、あるいは特別に在留が許可され保護観察となるのかといういわば両者の分水嶺について、検討することである。裁判所において外国人保護観察対象者のどのような積極的要素が評価されれば、退去強制とならず保護観察を実施しうるのかということを規範論として検討することは、今後外国人への仮釈放および保護観察を再考するうえでも、保護観察の国際移送制度を考えるうえでも非常に重要だからである。この点を今後の課題として挙げ、小稿を閉じることとしたい。

［注］
1　国際受刑者移送法１条。
2　国際受刑者移送法21、22条。
3　森下忠『刑事政策の論点Ｉ』（成文堂、1992年）158頁。なお現在のところ、保護観察の国際移送に関する研究は森下忠によるところが大きい。森下忠『国際刑法の新動向』（成文堂、1979年）143頁以下、同『刑事司法の国際化』（成文堂、1990年）146頁、同『国際刑法入門』（悠々社、1993年）151頁以下参照のこと。
4　国際受刑者移送法28条１号。
5　法務省による研究として、法務総合研究所『研究部報告17　外国人保護観察対象者に係る処遇上の問

題点と対応策・保護観察付き執行猶予者の成り行きに関する研究』(2002年)、同『研究報告51　来日外国人少年の非行に関する研究(第2報告)』(2013年)、同『研究報告53　外国人犯罪に関する研究』(2014年)。

6　たとえば、並木洋行「外国人保護観察対象者の現状と課題について――外国人保護観察対象者対応の観点から」犯罪と非行96号(1993年)、斉藤みづほ「外国人対象者の保護観察について――事例を中心に」更生保護と犯罪予防29巻1号(1994年)、榎本正也「外国人に対する保護観察の現状と実務上の諸問題」法律のひろば48巻1号(1995年)、岡田和也「外国人保護観察対象者の現状と処遇上の問題点」更生保護と犯罪予防34巻4号(2001年)、北川美香「事例研究東京保護観察所における外国人対象者の処遇の実状について」更生保護と犯罪予防34巻4号(2001年)、打越準一「事例研究日系ブラジル人の保護観察」更生保護と犯罪予防34巻4号(2001年)、山口透「保護観察所における外国人少年の処遇の実情――少年事件関係執行機関における外国人少年の処遇(2)」家庭裁判月報55巻11号(2003年)、宇戸午朗「外国人保護観察対象者の処遇」更生保護61巻12号(2010年)、古山正成「外国人保護観察対象者の処遇」法律のひろば67巻1号(2014年)など。

7　出国命令制度は、「平成16年の入管法改正において、入管法違反者のうち、一定の要件を満たす不法残留者について、全件収容主義の例外として、身柄を収容しないまま簡易な手続により出国させる」制度である。詳細については、http://www.immi-moj.go.jp/tetuduki/taikyo/syutukoku.htmlを参照のこと。

8　刑の一部執行猶予者の場合、定められた実刑期間の途中での仮釈放であれば、地方更生保護委員会により(入管法62条4号)、満期釈放であれば刑事施設の長により(同法62条3号)通報が行われる。

9　在留特別許可については、金昇謙、依光正哲「『在留特別許可』に関する事例研究」一橋大学経済研究所ディスカッション・ペーパー、150号(2003年)を参照のこと。

10　法務省入国管理局「在留特別許可に係るガイドライン」(2009年、http://www.moj.go.jp/content/000007321.pdf)。

11　法務省入国管理局「在留特別許可に係るガイドライン」(2009年)によれば、在留特別許可の許否判断は、「積極要素及び消極要素として掲げている各事項について、それぞれ個別に評価し、考慮すべき程度を勘案した上、積極要素として考慮すべき事情が明らかに消極要素として考慮すべき事情を上回る場合には、在留特別許可の方向で検討」されることとなっている。それゆえ「単に、積極要素が一つ存在するからといって在留特別許可の方向で検討されるというものではなく、また、逆に、消極要素が一つ存在するから一切在留特別許可が検討されないというものでもない」。

12　坂中英徳・齋藤利男『出入国管理及び難民認定法逐条解説(改訂第4版)』(日本加除出版、2012)、522頁。

13　刑期の満了、刑の執行の停止、退院の場合は、同条3項において矯正施設の長に通報の義務を課している。

14　坂中英徳・齋藤利男『出入国管理及び難民認定法逐条解説(改訂第4版)』(日本加除出版、2012)、930、942頁。

15　坂中英徳・齋藤利男『出入国管理及び難民認定法逐条解説(改訂第4版)』(日本加除出版、2012)、933頁。

16　法務総合研究所『研究部報告51　来日外国人少年の非行に関する研究(第2報告)』105頁。

17　法務総合研究所『研究報告53　外国人犯罪に関する研究』(2014年)16頁の資料を基に、2012年末における退去強制率(退去強制事由該当者(439人)＋国外退去済みの者(368人)＋退去強制手続により収容中の者(65人)＋仮放免中の者(6人)で保護観察対象者を割ったもの)を算出した(小数点以下は四捨五入している)。

18　肖萍「日本における刑事手続上の身体拘束と出入国管理法制の関係(1)」一橋法学6巻1号(2007年)366頁。

19　坂中英徳・齋藤利男『出入国管理及び難民認定法逐条解説(改訂第4版)』(日本加除出版、2012)936頁。

20　平野龍一『矯正保護法』(有斐閣、1963年)100頁、川出敏裕、金光旭『刑事政策』(成文堂、2012年)233頁。

21 榎本正也「来日外国人受刑者に対する仮出獄の現状と課題」犯罪と非行114号（1997年）161頁、太田達也「仮釈放要件と許可基準の再検討──『改悛の情』の判断基準と構造」法学研究84巻9号（2011年）35頁。
22 日本では仮釈放判断に関連する要因について実証的研究はほとんど行われていない。法務総合研究所『研究報告53 外国人犯罪に関する研究』（2014年）31頁。
23 消極的処遇主義と積極的処遇主義に関しては、太田達也「国際犯罪増加における矯正の果たす役割──来日外国人受刑者の処遇を中心として」法律のひろば55巻9号（2002年）40頁以下、同「報告1：来日外国人犯罪の現状と刑事法的対応 ──日系ブラジル人の犯罪を中心として」法學研究81巻11号（2008年）28頁を参照のこと。
24 法務総合研究所『研究報告53 外国人犯罪に関する研究』（2014年）26頁。
25 太田達也「報告1：来日外国人犯罪の現状と刑事法的対応──日系ブラジル人の犯罪を中心として」法學研究81巻11号（2008年）29頁。
26 岩井敬介『社会内処遇論考』（日本更生保護協会、1992年）28頁。
27 仮釈放の法的性質については、森下忠『刑事政策大綱新版第2版』（成文堂、1996年）284頁以下、大谷實『新版刑事政策講義』（弘文堂、2009年）275頁、金光旭「第5章 仮釈放」西田典之他編『注釈刑法第1巻総論§§1-72』（有斐閣、2010年）228頁、川出敏裕、金光旭『刑事政策』（成文堂、2012年）233頁、勝田聡、羽間京子「仮釈放者と執行猶予者の保護観察処遇の相違について」千葉大学教育学部紀要61巻（2013年）347頁、林真琴「第5章仮釈放」大塚仁他編『大コンメンタール刑法第三版 第1巻［序論・第1巻──第34条の2］』（青林書院、2015年）713頁を参照のこと。
28 考試期間主義に対する批判については、川出敏裕、金光旭『刑事政策』（成文堂、2012年）233頁を参照のこと。
29 2つの説以外にも、修正制限適用説がある。これは制限適用説が基本的に正しいとしつつ、「入管法63条は刑事手続という国家の利益に基づく政策に支えられた規定」であり、「起訴判決前に強制送還するのであれば、公訴取消しをした上で行うべきであり、そうでなければ刑事訴訟手続終了までは送還しないとすべきである」という説である。肖萍「日本における刑事手続上の身体拘束と出入国管理法制の関係(1)」一橋法学6巻1号（2007年）358頁。
30 座談会「入管法と刑事手続」ジュリスト1056号（1994年）、大島隆明「外国人被告人の保釈」『新実例刑事訴訟法Ⅱ』（青林書院、1999年）、土本武司「無罪判決後の拘留刑事手続と退去強制手続」捜査研究585号（2000年）、小山雅亀「退去強制と刑事手続に関する『法の不備』──東電OL殺人事件に関連して」『光藤景皎先生古稀祝賀論文集上巻』（成文堂、2001年）、肖萍「日本における刑事手続上の身体拘束と出入国管理法制の関係(1)(2)(3)」一橋法学6巻1、2、3号（2007年）など。
31 坂中英徳・齋藤利男『出入国管理及び難民認定法逐条解説（改訂第4版）』（日本加除出版、2012）574頁以下、寺倉憲一「我が国における出入国管理制度の概要」調査及び立法考査編『人口減少社会の外国人問題 総合調査』（調査及び立法考査、2008年）71頁。
32 座談会「入管法と刑事手続」ジュリスト1056号（1994年）21頁、山田発言。
33 土本武司「無罪判決後の拘留手続と退去強制手続」捜査研究585号（2000年）、37頁。
34 土本武司「無罪判決後の拘留手続と退去強制手続」捜査研究585号（2000年）、37頁。
35 判例の整理については、肖萍「日本における刑事手続上の身体拘束と出入国管理法制の関係(1)」一橋法学6巻1号（2007年）355頁以下を参照のこと。
36 矯正関係経費と更生保護関係経費では、例年約9倍の差がある（http://www.moj.go.jp/content/001179825.pdf#search=%27%E6%B3%95%E5%8B%99%E7%9C%81+%E6%9B%B4%E7%94%9F%E4%BF%9D%E8%AD%B7+%E4%BA%88%E7%AE%97%27）。

※ 本稿脱稿後に、太田達也『仮釈放の理論』（慶應大学出版会、2017年）323頁以下に触れる機会を得た。その詳細な検討は後日としたい。

（おぎの・ひろし）

英文要旨

Summary: Introduction to Deportation System of Foreign Offenders on Probation or Parole

Keywords: deportation, foreign offenders, Legal nature of parole, transnational transfer

Hiroshi OGINO
(Tokai Gakuin University)

This study discusses the question of whether foreign offenders on probation or parole should not be deported to their country or not. The study concludes that they should not be deported to their country without enforcement of probation or parole. Article 63(2) of the Immigration Control and Refugee Recognition Act of Japan provides that the enforcement of deportation order shall be carried out after the procedures pursuant to the provisions of laws and regulations related to the enforcement of the sentences have been completed. It is generally believed that parole does not mean that the enforcement of the sentences have been completed. However, in practice, the enforcement of deportation order is often carried out before enforcement of parole have been completed. It produces inequality between foreign offenders and native offenders. This study examines the issues concerning this question. The study concludes that foreign offenders should not be deported to their country without enforcement of probation or parole, and foreign probationers and parolees should be transferred to their administering state, because the parole without any conditions means release due to the completion of the sentence.

個別研究

自立準備ホームの現状と課題

キーワード：自立準備ホーム、既存の社会資源の活用、居住支援

掛川直之　　大阪市立大学／日本学術振興会

1　本稿の背景と目的

　統計が示す日本の犯罪は、2002年をピークに年々減少の一途をたどっているのに対して、再犯者率は1997年から上昇を続けている。このような情況のなかで、刑務所再入者のうち帰住先のなかった者の約6割が1年未満に再犯におよび、保護観察中に無職であった者の再犯は有職者の約5倍にもおよぶ、というデータが報告されるなどして、「刑務所出所後2年以内に再び刑務所に入所する者等の割合を今後10年間で20％以上削減」する、という具体的な数値目標が掲げられるまでにいたった。

　過去10年間の出所事由別帰住先構成比の推移をみると、毎年、満期釈放者の半数を超える者が「その他」となっており、帰住先のない満期釈放者の多さをうかがい知ることができる（**図1**）。同時に、更生保護施設等の利用も仮釈放者に傾斜していることがわかる。また、2013年の法務省調査によれば、帰住先がないまま満期出所した者の再犯時の生活状況は、ホームレス等が30.8％、ネットカフェ等が22.0％、暴力団事務所等が10.7％、賃貸住宅が10.1％、生活保護受給による賃貸住宅が8.8％、その他が17.1％となっており、出所後の住居の確保が喫緊の課題となっている。仮釈放者を増やすとともに、適当な帰住先がないままに満期出所となる者を減らすことが必要である。しかし、掛川（2016）において整理されているとおり、刑事司法領域が提供する居住支援の方策はきわめて限定

図1　出所事由別帰住先構成比の推移

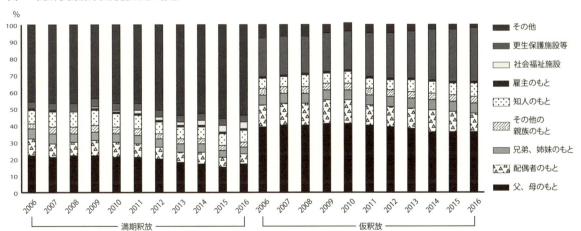

出典：矯正統計年報より作成

表1　刑事司法領域における居住支援策

	更生保護施設	自立更生促進センター（および就業支援センター）	自立準備ホーム
特　性	頼るべき親族等がいない者、生活環境に恵まれない者、あるいは、本人に社会生活上の問題があるなどの理由で、すぐに自立更生ができない刑務所出所者等を保護して、その円滑な社会復帰を支援している施設	親族等や民間の更生保護施設では円滑な社会復帰のために必要な環境を整えることができない仮釈放者、少年院仮退院者等を対象とし、保護観察所に併設した宿泊施設に宿泊させながら、保護観察官による濃密な指導監督や充実した就労支援を行うことで、対象者の再犯防止と自立を図ることを目的とする施設	あらかじめ保護観察所に登録した民間法人・団体等の事業者に、保護観察所が、宿泊場所の供与と自立のための生活指導（自立準備支援）のほか、必要に応じて食事の給与を委託するもの
施設数	103（うち高齢・障がいの指定保護施設57、薬物処遇重点実施施設が15）	4（うち2施設は就業支援センター）	352（事業者数）
定　員	2349	58	非公開
主な対象者	継続保護事業対象者（保護観察対象者・刑の執行終了者・刑の執行猶予者等、現に改善更生のための保護が必要と認められる場合に、その者を施設に収容して、宿泊場所の提供等をおこなう必要のある者）など	受刑者のうち刑務所での成績が比較的良好であるものの現状では適切な帰住先を確保できないため仮釈放されず満期釈放となっていた者など	継続保護事業対象者（保護観察対象者・刑の執行終了者・刑の執行猶予者等、現に改善更生のための保護が必要と認められる場合に、その者を施設に収容して、宿泊場所の提供等をおこなう必要のある者）など
主な業務	生活援助・環境調整・生活訓練など	就労支援・金銭管理・家族調整・住居確保・退所支援など	居住確保・食事の提供・生活指導など
所管官庁	法務省	法務省	法務省
運営（実施）主体	更生保護法人・社会福祉法人・一般社団法人・NPO法人	法務省	更生保護法人・社会福祉法人・NPO法人
入所経路	保護観察所からの委託・本人からの申出など	保護観察所・刑務所からの委託など	保護観察所・検察庁からの委託など
入所期限	6ヶ月（延長可の施設もあり）	3ヶ月（延長不可）	—
平均在所期間	77.4日	—	約60日
形　態	グループホーム	グループホーム	一軒家・アパートの一室・グループホームなど
設置開始年	1888年	2009年（就業支援センターは2007年）	2011年

出典：掛川（2016：51）

されたものにとどまっている（**表1**）。法務省の再犯防止推進計画等検討会においても、住居の確保等の施策の強化の必要性が認められている。なかでもとりわけ更生保護施設の役割に期待がかけられているが、近年、受入れ人数は8300人前後で推移しており頭打ち状態にある。さらに、一時的な住居を確保しても、4人に1人が定住先を確保できないまま退所している、といわれている。

そこで注目されるのが「緊急的居住確保・自立支援対策」として運用が開始されている「自立準備ホーム」である。この制度は、NPO法人等が運営する居住施設に出所者の受入れを委託し、引受先のない出所者等に住居を提供し、社会復帰にむけての支援をおこなう、というものである。ただし、この制度は、原則非公開とされており、その運用実態は厚いヴェールに覆われている。そのことも手伝ってか、先行研究もきわめて限定されている。自立準備ホームの運営者の立場からは小畑（2011）、秋山（2012・2015）が、保護観察官の立場からは三宅（2012）が、保護司の立場からは足立（2012）があるにとどまる。いずれも自立準備ホームにかんする趣旨の紹介や、開設当初の受入れ状況および具体的なケースの紹介が主な内容となっている。研究者による論考としては、工藤（2017）にとどまる。ただし、工藤（2017）もアタッチメント理論の観点を自立準備ホームでの支援に導入する、という心理学的なものである。

本稿は、このヴェールに覆われた自立準備ホー

ムの運用実態について、NPO法人Ｘおよび公益財団法人Ｙに対する聴き取り調査をもとに考察をくわえ、今後のより大規模な調査の基礎資料とすることを目的とする。

2 自立準備ホームとは

(1) 自立準備ホームの位置づけ

　自立準備ホームは、「緊急的居住確保・自立支援対策」として、保護観察所が更生保護施設以外の宿泊場所を管理する事業者等に対して、帰住先のない矯正施設等出所者の保護を委託する制度として、2011年4月にその運用が開始された。この自立準備ホームでは、保護観察の対象者および更生緊急保護の対象者に対して、宿泊場所の提供や、自立のための生活指導、必要に応じて食事の提供等がおこなわれている。入所期間は各保護観察所の長に委ねられており、地域によって異なる。

　NPO法人等の事業者が、保護観察所に対して受託事業者となることについて登録することによって開設が可能となる。受託事業者となるためには、7つの要件を満たすことが求められており、登録希望書を保護観察所に提出し、審査を受ける必要がある[1]。あわせて、年度ごとの更新が必要である、とされている。必ずしも自立準備ホーム専用の建物を準備する必要はない。もともと運営している居住施設の一室等を登録し、必要な場合に限って自立準備ホームとして運用することが可能になっており、事業者にとっては柔軟性の高い制度といえる。「自立準備ホーム」という看板を掲げる必要もなく、地域住民との施設コンフリクトも生じにくい。

　ただし、「平成23年3月31日付け法務省.保更第140号法務省保護局長通達」を根拠に実施されるものであり、法的な根拠をもたない。また、自立準備ホーム運営者間の横のつながりはほとんどなく、各々が独自に運営をつづけていると考えられる。

(2) 自立準備ホームのしくみ

　自立準備ホームは、保護観察所から各事業者への委託のかたちをとり、ひとりの1日あたりの宿泊費として1,500円、自立準備支援費として2,000円（以上が絶対的委託事項）、食事給与費として1,213円（必要的委託事項）の計4,713円が支払われる[2]。本人に生活費（小遣い）等を与える場合にもその金額は定められていない[3]。ひと月ごとに所管の地方更生保護委員会に更生保護委託費を請求するかたちをとる。

　委託措置の実施状況については、保護観察所への定期報告のほかに、委託事業の実施に支障を及ぼす事情が生じたとき等に報告が義務づけられている。前者については、毎月、措置委託実施報告書および訪問等確認シートを提出することが求められる。措置委託実施報告書には、入所者ごとに、委託を受けた内容、当月の実施内容、その他実施した措置の内容、就業状況、健康状態、交友関係や余暇のすごし方、その他の行状、自立への準備状況、退去予定先、退去予定者の調整状況、さらには受託者の意見として保護観察所に求める措置や今後の方針などを記すことになっている。一方、訪問等確認シートには、当事者と訪問者の押印や自立支援の実施状況を毎日簡単に記入することが求められている。

　自立準備ホームへ委託する入所者の選定にあたっては、①刑事施設収容中の者を受け入れる場合と②保護観察中の者または更生緊急保護の対象となる者を受け入れる場合とで異なる。①については、(ⅰ)入所を検討する者に関する保護観察所からの情報提供、(ⅱ)受入れについての保護観察所との協議、(ⅲ)受入れについての可否の回答、(ⅳ)保護観察所からの「調整対象者連絡書」の送付、(ⅴ)「仮釈放により釈放することが適当と認められる日」に関する保護観察所からの連絡、(ⅵ)「仮釈放を許す旨

表2 X利用者一覧

	入所時年齢	入所日	自費転用等	退所日	退所種別	退所後職種	施設	所持金	更生援助金	罪名	前科前歴等
1	60代	2012年10月		2014年10月	失踪		A	70	1000	窃盗（梨泥棒）	窃盗・窃盗・住居侵入
2	70代	2014年10月	2015年3月	2015年4月	自立		A				
3	30代	2014年12月		2015年2月	自立	建設業	A	4892		窃盗・建造物侵入	窃盗・建造物侵入
4	30代	2015年1月		2015年7月	自立	清掃業	A	6	1000	銃刀法違反	
5	50代	2015年3月		2015年8月	自立	建設業	A	45	2000	建造物侵入・窃盗	
6	60代	2015年5月	2015年9月	2015年10月	入院		A				
7	50代	2015年7月		2015年11月	自立	建築業	A	0	5000	窃盗	万引き
8	40代	2015年7月		2015年8月	失踪		A	239	5000	窃盗	占有離脱・窃盗・軽犯罪法違反
9	40代	2015年8月		2015年11月	自立	建築業	A	66	5000	窃盗	
10	30代	2015年10月		2016年3月	自立	コンビニ	B	212	5000	窃盗未遂（下着泥棒）	
11	50代	2015年11月	2016年5月				A				
12	40代	2015年12月	2016年1月	2016年1月	失踪		A				
13	30代	2015年12月		2016年5月	自立	コンビニ	B	144	5000	業務上横領	
14	50代	2016年1月		2016年6月	自立	製造業	B	30	5000	窃盗	廃棄物処理法違反・窃盗・無免許運転
15	50代	2016年3月	2016年8月				B				
16	20代	2016年4月		2016年8月	失踪		B	1500	3500	道交法違反（飲酒運転）	
17	40代	2016年5月	2016年11月				A				
18	50代	2016年6月		2016年9月	自立	製造業	A			窃盗（おにぎり万引き）	
19	50代	2016年7月	2016年12月	2017年1月	自立		B				
20	40代	2016年7月		2017年1月			A				
21	20代	2016年7月	2016年7月	2016年11月	失踪		C→A	643	4000	窃盗	
22	20代	2016年8月		2017年1月	自立	製造業		24	4000	窃盗	
23	30代	2017年1月					C	12	2000	詐欺・無銭飲食	
24	40代	2017年4月					A	1500	3000	森林法違反（放火）	賽銭箱荒らし・脱衣所荒らし・置引・占有離脱物横領覚せい剤・窃盗・酒気帯び運転・暴行

の決定」に関する保護観察所からの連絡、(vii)本人が仮釈放、という流れで委託開始となる。②については、(i)入所を検討する者に関する保護観察所からの情報提供と受入れ協議、(ii)受入れの可否の回答、委託開始、という流れとなる。

3 NPO法人Xが運営する自立準備ホームの実践例[4]

(1) Xが運営する自立準備ホームの特徴

NPO法人Xでは、α県[5]に3つの無料低額宿泊所A（定員：54名）、B（定員：42名）、C（定員：65名）を自立準備ホームとして登録している。Xでは、α保護観察所と協議のうえ、「傷病等がなく、就労自立が見込める者」を対象とし、他の自立準備ホームとのすみわけをおこなっている。α県では、自立準備ホームへの入所期間が基本的には最長6ヶ月と決められており、当該期間のなかで、「退所後、生活保護に頼らない生活ができる準備を整える」ということを目標にとりくんでいる、ということであった。Xの無料低額宿泊所の利用料は、A、Bは月額84,000円、Cが76,600円となっている。ひと月を31日と仮定した場合、自立準備ホームの委託費は月額146,103円になる。本人が自由につかえる生活費（小遣い）として1日1,000円を手渡しており月額にすると31,000円となる。これを委託

費から引くと、A、Bの場合には、31,103円、Cの場合には、38,503円が残る計算になる。制度上は、これを法人の運営資金にまわすことも可能であるが、Xでは、この残額を本人の自立準備金として、退所後の転宅資金等にあてるための貯蓄にまわすシステムを独自に構築している。6ヶ月間積み立てをした場合、186,618円になる[6]。この積み立てが退所後の生活の再建に大きな役割を果たしているようであった[7]。

(2) 利用者の動向

Xでは、2014年8月にA、2015年8月にB、2017年1月にCで自立準備ホームの登録をおこなっている。聴き取り調査をおこなった2017年7月11日の前日10日時点で、**表2**にまとめたとおり24名の利用者がある。うち6名が利用継続中であり、この者たちについての詳細な情報は個人情報保護等の観点から本稿ではふせたい。残る14名のうち、失踪が4名、就労による転居が10名という実績になっている。

Xが自立準備ホームへの登録直後に受入れた2名については67歳、70歳と高齢であるが、以降は平均年齢約43歳と比較的若い世代に限定されている。これは、Xと、α保護観察所との協議によって、「退所後、生活保護に頼らない生活ができる準備を整える」ことを目標に、就労可能な者を入所者として選定する、という方針をとったところによるものである[8]。また、刑務所等の矯正施設の出所者ではなく、被疑者・被告人段階でのいわゆる入口支援の一環として活用されているのも特徴のひとつであるといえよう[9]。

罪状としては窃盗をはじめとする軽微な財産犯が多い。近隣住民や他の無料低額宿泊所の利用者に、入居者がわざわざ自立準備ホームの入居者である、すなわち刑務所入所歴や逮捕歴等があるということについては知らせていない、ということであった。

平均入所期間は約4ヶ月半、失踪した者や早期住み込み就労者などを除けば約5ヶ月半となる。就労先は、建築業や製造業のほかサーヴィス業などが主たる業種となる。

(3) 提供されている福祉サーヴィス

入所後は、面談をつうじてアセスメントシートの作成をおこない、就労や転居にむけた準備をおこなう。入所者には、宿泊場所の提供、食事の提供のほか、住民票の移動手続きや、身分証の作成や保険証の作成、必要に応じて各種障がい者手帳の取得手続きや年金についての調査などといった生活支援、就労支援などがおこなわれている。キャリアカウンセラーなどの専門職による支援もおこなっている。

いずれの施設も原則として、朝食の提供が6時30分、夕食の提供は17時30分と決められており、毎朝食後に、施設職員との面談がおこなわれる[10]。門限は21時に定められている。また、いずれの施設も個室で、照明・空調・ベッド・収納スペース・テレビ・カーテンが備え付けられており、トイレ・風呂・洗濯機・食堂(談話室)は共用となっている。

入所者の声としては、「入所してごくふつうの生活がおくれるようになった。朝は目覚ましで起き、歯磨きができ、顔を洗い、朝食をとる。ふつうの社会人ならどうということではないが、それができるようになった。人間らしい生活ができるようになった」(40代)、「住所がなかったので、運転免許の更新ができなかったが、施設の住所で免許の更新もできた。免許があるだけで就労先の選択肢が広がった」(50代)、というものなどがあった。

表3　Y利用者一覧

	入所時年齢	入所日	対処日	退所後職種	所持金	罪名	前科前歴等
1	50代	2012年12月	2013年2月	生活保護	約10000円	傷害	傷害
2	50代	2014年6月	2014年8月	清掃業→生活保護	約10000円	器物破損	傷害
3	10代	2016年8月	2016年9月	建設業	0円	傷害	傷害・窃盗

4　公益財団法人Yが運営する自立準備ホームの実践例[11]

(1) Yが運営する自立準備ホームの特徴

　公益財団法人Yでは、β県[12]にある無料低額宿泊所を2012年9月に自立準備ホーム登録している。定員40人のうち、自立準備ホームとしての利用者以外にも常時7～8名の満期釈放の出所者が入居している、という特徴がある。なお、無料低額宿泊所の利用料は月額109,000円となっている。

(2) 利用者の動向

　聴き取り調査をおこなった2017年9月22日時点で、**表3**にまとめたとおり3名の利用者がある。この3名ともに矯正施設から更生保護施設を経て、自立準備ホームに入所しているというのが特徴的である。罪状としては傷害や器物破損など破壊衝動の強い支援が困難な者の入所が主となる[13]。平均入所期間は約2ヶ月と短い。就労先は、清掃業や建築業となっている。近隣住民や他の無料低額宿泊所の利用者に、入居者がわざわざ自立準備ホームの入居者である、すなわち刑務所入所歴や逮捕歴等があるということについては知らせていないが、自らがカムアウトしているケースが多いようであった。

(3) 提供されている福祉サーヴィス

　入所者には、宿泊場所の提供、食事の提供のほか、住民票の移動手続きや、身分証の作成や保険証の作成、必要に応じて各種障がい者手帳の取得手続きや年金についての調査などといった生活支援、就労支援などをおこなっている。生活費（小遣い）としては月額10,000円を利用者に手渡しているという。門限は19時、消灯が22時ころであるが、就労形態により柔軟な対応がとられており、比較的自由度が高い。朝昼晩の3食が提供されるが、その提供時間は厳密には決められていない。食事の提供が弁当形態のため、食事を受けとるさい、施設職員との面談がおこなわれている。また、居室は個室で、照明・ベッド・収納スペースが備え付けられており、トイレ・風呂・洗濯機・テレビ・食堂（談話室）は共用となっている。

5　自立準備ホームを活用した居住支援の現状と課題

　ここまでXとYという2ヶ所の自立準備ホームの運用をみてきた。むろん、わずか2ヶ所の運用から自立準備ホームという制度を評価することはできないが、それでもいくつかの特徴や課題がみえてきた。

(1) 自立準備ホームの現状

　まず、Xは、無料低額宿泊所の利用料を比較的安価におさえられる地方中小都市の特質をいかし、無料低額宿泊所の利用料と自立準備ホームの委託費から生じる差額を、対象者の居宅転宅費用として貯蓄させるという、対象者の社会復帰に資する運用をおこなっているといえる。被疑者・被告人段階のいわゆる入口支援対象者で、かつ「傷病等がなく、就労自立が見込める者」に対象者を限定しているため、就労自立の確率も高い。更生保護施設の収容定員の限界を補う方策のひとつとして、という自立準備ホームの設立趣旨からみればある意味

でモデル的な運用がなされている、といえるであろう。

他方のYは、平素から満期釈放の出所者を多く受け入れているにもかかわらず、圧倒的に自立準備ホームとしての委託件数が少ない。同時に、委託されたすべての対象者が仮釈放となり更生保護施設を経由して入所している、というのも特徴のひとつである。くわえて、破壊衝動の強い、支援の困難な対象者が委託される傾向があるようである。Yの場合には、通常の無料低額宿泊所の利用者として満期釈放で受け入れている出所者にこそ自立準備ホームとしての機能をもたせるべきであるようにも考えられる。

(2) 自立準備ホームの今後の課題

入所者をある程度は安定的に供給できなければ、当然に運営が安定しない[14]。入所者の選定にあたっては各保護観察所による運用に委ねられており、その基準については不透明な部分も多い[15]。図1からもわかるように帰る場所のない満期釈放者にこそ、自立準備ホームの制度を活用するべきだともいえる。満期釈放で人知れず社会に帰ってきて生きづらさを解消できないままに、再犯をせざるをえない情況に陥ってきた人びとに対して、いかに自立準備ホームを活用していけるのか、ということは今後の大きな課題になるものと考えられる。

もっとも、社会において安定して生きていくための生活支援を含めた居住支援という観点からみた場合、自立準備ホームの制度のみを活用して、安定した住居の確保へとつないでいく支援は困難となるだろう。自立準備ホームは、公には利用期限が定められていないため無期限に利用が可能であると誤解を生じさせる可能性があるが、じっさいには各保護観察所によって運用は異なる。いずれの保護観察所も予算が無尽蔵にあるわけではない、という事実から考えると利用期間はおのずと限られてくる。そのため、入所者が積極的に行動しなければ期間内に仕事に就き、収入を得て貯蓄をおこなうことは難しい。過去に家賃滞納などをした経験がある者は保証人協会の審査も通りにくくなり、たとえ金銭面で転居のための要件をクリアしていても時間がかかってしまうこともある。自立準備ホームの運営者は、地域の他のさまざまな社会資源を十分に理解したうえで、入所期間中に入所者の環境を調整し、その人にあった支援をつくりあげていくことが不可欠となる[16]。

また、自立準備ホームを運営するなかで、もっとも大きな問題となるのは、医療費負担である。自立準備ホームの委託費には、医療費に対する規定がない。そのため、保護観察所は医療にかかる必要のなさそうな健康な者を対象者として選定することとなっているようである。とはいえ、病気や怪我は突発的に起こるものである。この医療費や処方箋にかかる費用に対する負担にかんする規定を整備していく必要があるだろう。

同時に、自立準備ホームという制度そのものについての一般的な認知度の低さも課題となりうる。上記の医療が必要となるケースをはじめとして、福祉事務所等との連携を求められることが想定されうる。そのため、福祉事務所等の職員への一層の周知も必要になってくるものと考えられる。

6　むすびにかえて

2016年12月に公布・施行された再犯防止推進法においても、出所者の住まいの確保は、重要課題として認識されている。2017年9月に発表された再犯防止推進計画の中間案でも、地方自治体の公営住宅の入居要件の緩和が検討されるなど、さまざまな議論がはじまっている。

改めて確認するまでもなく、住まいの確保は、出所者の社会復帰の基盤となる不可欠なものである。

これまで検討してきたように自立準備ホームは、施設コンフクリトの回避はもちろん、特別の施設を増設するのではなく、既存の社会資源を有効に活用できる、という観点からも多くの可能性を秘めた制度であるといえる。

しかしながら、入所者の選定にあたっては各保護観察所に委ねられているなど基準がみえにくいところも多い。もともと空き家等費用のかからないかたちを想定していたこともあり、委託費だけでは運営が難しいという根本的な問題が残されている。また、理念のみが前面に押しだされ注目度が高い反面、実態がともなわないままに都合よく利用されている、ともいえなくはない状態もみうけられる。さらに、医療費の問題をはじめとしたいくつかの課題もみえてきた。

今後は、全国の自立準備ホームの運用実態をあきらかにするとともに、課題の解消に努める必要があるだろう。あわせて、帰る場所のない満期釈放者などに対しても積極的に活用していくとともに、法的な根拠を与え、制度としての枠組みを整備していくことが求められるのではないだろうか。

[注]
1 ①原則として法人格を有すること。②暴力団等反社会性のある団体又は個人との関係がないこと。③経営の安定性を確保していること。④これまでに、刑務所出所者等の保護に関連のある事業について、国や公共団体から委託を受けた実績があるなど、受託事業を確実に実施できる体制であること。⑤宿泊事業及び社会福祉事業等を営む中で、過去5年間に関係法令の違反がなく、かつ、専業運営について社会的信望を有すること。⑥保護観察及び更生緊急保護の意義及び内容について十分理解していること。⑦個人情報を適切に管理することができる体制であること。以上の7つが要件とされている（法務省保護局『自立準備ホーム運営の手引き』2011年）。
2 薬物依存の問題をかかえる入所者に対する必要的委託事項として、薬物依存回復訓練費（904円／1日）がある。
3 この生活費（小遣い）をわたすことを禁じている保護観察所もある、という。
4 NPO法人Xへの聴き取り調査は、2017年7月11日に、Xの自立準備ホームAの事務所にておこなった。
5 α県は、関東地方の北東に位置する都市である。
6 医療機関への受診が必要な場合には、1度に限り、医師による診療代のみ、医療機関から保護観察所に電話で連絡をすれば医療謝金として振込対応が可能であるとのことであるが（立替払いは不可）、処方箋にかんしては、自己負担となるため、一定額の貯蓄が必要となる。なお、継続的な医療が必要となった場合には、生活保護の医療単給または生活保護への切り替えがおこなわれる。
7 同時に、Xでは、更生援助金の制度を利用して、5,000円から8,000円程度の支給を依頼し、衣服等の生活に必要な身の回りの物品の購入費にあてている。
8 自立準備ホームとしての利用者の多くは、利用期間と目的とを明確にしているため、就労自立に向けての意欲が高い傾向にある、という。
9 就労が困難な者や刑務所等を出所した出口支援の対象者については、α保護観察所の差配によって他の自立準備ホーム（α県ではXのほか7団体が登録）が受け入れるという役割分担をおこなっているという。
10 ただし、就労形態によっては、柔軟な対応をおこなっているとのことであった。
11 公益財団法人Yへの聴き取り調査は、2017年9月21日にYの事務所にておこなった。
12 β県は、近畿地方に位置する都市である。
13 Yでは、月に1度の提出でよいとされる訪問等確認シートを週に1度保護観察所に提出するなど、担当の保護観察官と緊密に連携をとるなどして対応をおこなっている。担当の保護観察官は、問題が起きるたびに対象者を呼び出し指導にあたっていたという。
14 一定の成果をあげていると思われるXにおいても年間10件程度、Yにいたっては2年に1件程度の委託にとどまっている。かつて、自立準備ホーム専用の建物を構えたNPO法人の運営者に聴き取り調査をおこなったさいに、供給される入所者が安定せず、事業としては成り立っていない旨をうかがったこともある。
15 本来、更生保護施設に入るべき対象者の都合のよ

い受け皿としてのみ存在する、などということにもなりかねない。
16　現在は、自立準備ホームの運営者相互による横のつながりをもつことを保護観察所が嫌う傾向がみてとれる。運営者はそれぞれ「他の自立準備ホームはどのような運営をしているのだろう」「自分たちの支援は本当に正しいのだろうか」と悩みをかかえているようであるが情報交換が難しい情況にある。出所者の社会復帰を支えるためのより円滑な運用を促すためにも、運営者間の情報交換は必要だと考えられる。

［謝辞］

　日々の激務のなか、長時間の聴き取り調査に応じてくださったNPO法人XのT氏、S氏、U氏、公益財団法人YのO氏に心からの感謝を記したい。

［参照文献］

秋山雅彦（2012）「自立準備ホームにおける支援の実践：東京都におけるNPOの運営経験を通じて」ホームレスと社会6号38-45頁

秋山雅彦（2015）「自立準備ホームで保護観察対象者を支援して」更生保護66巻11号24-27頁

足立俊輔（2012）「自立準備ホームでの再出発」更生保護63巻10号26-29頁

小畑輝海（2011）「自立準備ホーム『ホームみどり』の発足：自立へ向けての新たなサポート体制の誕生」刑政122巻12号36-43頁

掛川直之（2016）「矯正施設等出所者に対する居住支援：刑事司法領域における現状と課題」居住福祉研究21号45-64頁

工藤晋平（2017）「自立準備ホームにおける社会復帰支援：不安や恐れに安心感のケアを届ける」刑政128巻5号16-25頁

三宅美和（2012）「『自立準備ホーム』を活用した自立支援について」更生保護と犯罪予防45巻154号49-66頁

（かけがわ・なおゆき）

英文要旨

Summary: Self-Reliance Support Homes: The Current Situation

Keywords: Self-Reliance Support Homes, Utilization of existing social resources, Housing support

Naoyuki KAKEGAWA

(Osaka City University / Japan Society for the Promotion of Science)

Act Pertaining to Promotion of Recidivism Prevention was announced and put into effect in December of 2016. The law's guarantee of housing for those recently released from correctional institutions is widely recognized as an important issue today. The implication of this law, including details outlined in the interim draft of the Measures for the Prevention of Repeat Offenses announced in September 2017, have spurred debates about numerous topics, such as the loosening of requirements for living in public housings managed by local governments. It scarcely bears repeating that the fundamental issue for rehabilitating those recently released from institutions is securing reliable housing.

This study will investigate the current situation and challenges of "Self-Reliance Support Homes", which were instituted in 2011 as part the "Measures for Self-Reliance Preparation and Urgent Acquisition of Residences". These measures aim to support the rehabilitation of those recently released from institutions by outsourcing their admission into housing facilities to the NPOs which manage those facilities. The measures also provide for housing for individuals who are unable to access such facilities.

Self-reliance support homes have drawn much attention as a means of utilizing existing societal resources, but they are not run in a public manner, and their actual operations are hidden behind a thick curtain. This study will help shed light on their operation by analyzing research consisting of interviews conducted at two such facilities.

編集後記

　この度、関係諸氏のご協力により、2017年度龍谷大学矯正・保護総合センター研究年報を発刊することができました。

　日本における犯罪認知件数は2年連続して過去最低となり、極めて良好な治安状況にある反面、昨年成立したテロ等準備罪のように、未だ「体感治安」悪化説に依拠するかのごとく、潜在的な敵を想定し、未然に監視し、規制することを可能にする法律が成立しました。この日本では、安全と不安という相矛盾する犯罪にまつわる事情が私たちを取り巻く社会的な背景となっていることを、誰も否定できないのではないでしょうか。

　このような犯罪を取り巻く複雑な社会において、本センターの研究活動とその成果を通じて適切な視点を社会に向けて発信並びに提供することが、極めて重要となっていると言えます。

　18年度においてもセンターの研究活動がさらなる展開をすることで、社会的期待に応える所存です。

金尚均
（キム・サンギュン）
龍谷大学法科大学院教授

龍谷大学　矯正・保護総合センター研究年報　第7号　2017年
Ryukoku Corrections and Rehabilitation Center Journal No.7 2017

2018年2月28日発行

ISBN978-4-87798-696-4　C3036

編集発行者

龍谷大学　矯正・保護総合センター
Ryukoku Corrections and Rehabilitation Center

〒612-8577　京都府京都市伏見区深草塚本町67
　　　　　　E-mail　kyosei-hogo@ad.ryukoku.ac.jp（センター事務部）
　　　　　　Web　http://rcrc.ryukoku.ac.jp/

発行所

株式会社 現代人文社（大学図書）

〒160-0004　東京都新宿区四谷2-10　八ッ橋ビル7階
　　　　　　振替　00130-3-52366
　　　　　　電話　03-5379-0307
　　　　　　FAX　03-5379-5388
　　　　　　Web　http://www.genjin.jp/
　　　　　　E-mail　henshu@genjin.jp（編集部）
　　　　　　　　　　hanbai@genjin.jp（販売部）

表紙デザイン／Malpu Design（清水良洋＋陳湘婷）　本文デザイン／Malpu Design（佐野佳子）